Rosenträumerei

Geschenk von Barbara Bodemann
zum 99. Geburtstag von Ilse
am 10. Mai 2016

STEPHANIE HAUSCHILD

Rosenträumerei
Geschichte und Mythos einer königlichen Blume

 THORBECKE

Bibliografische
Information der Deutschen
Nationalbibliothek
Die Deutsche National-
bibliothek verzeichnet
diese Publikation in der Deutschen National-
bibliografie; detaillierte
bibliografische Daten
sind im Internet über
http://dnb.d-nb.de abrufbar.

© 2008 by Jan Thorbecke Verlag
der Schwabenverlag AG,
Ostfildern
www.thorbecke.de
info@thorbecke.de

Dieses Buch ist aus alterungs-
beständigem Papier nach DIN-
ISO 9706 hergestellt.
Gestaltung:
Finken und Bumiller, Stuttgart
Gesamtherstellung:
Jan Thorbecke Verlag, Ostfildern
Printed in Germany
ISBN: 978-3-7995-3539-7

Inhalt

Eine Rose ist eine Rose ist eine ...
Rose ist eine Rose 7

Rosen für Götter und Feste
Rosen im antiken Griechenland und im alten Rom 17
Rosenmythen 17
Rosen in den Gärten des Midas 21
Rosen in den Büchern von Theophrastos und Dioskurides 22
Griechische Gärten 26
Rosen in Rom 28
Römische Rosen 30
Ägyptische Rosen 34

Rosen für Maria
Mittelalterliche Rosenbilder 37
Im Kloster 37
Rosen und Rezepte 38
Mariengärten 44
Alberts Rosen 47
Rosenbilder 48

Rosen für Liebhaber und Maler
Von Düften, Florilegien, Stillleben und Geliebten 57
Rosenduft 57
Kräuterbuch und Florilegium 61
Rosen im Hortus Eystettensis 62
Rosen im Moller-Florilegium 67
Rosen im Stillleben 69
Gelbe Rosen 70
Rosenmode 73
Rosenliebe 74

Rosen für Botaniker und Züchter
Kaiserin Joséphines Rosengarten und die Folgen 83
Ein Holländer in Paris 83
Pierre-Joseph Redouté und die Rosen von Joséphine 84
Souvenir de la Malmaison 87
Neues aus Asien 89
Und noch mehr neue Rosen 93
Rosen malen nach Redouté 97
Über Rosen schreiben 101

Rosen für alle 105

Literatur 111
Bildnachweis 112

Eine Rose
ist eine Rose ist eine ...
Rose ist eine Rose ...

Ist sie das tatsächlich? Der belgische Maler René Magritte hatte vielleicht Gertrude Steins berühmte Gedichtzeile im Kopf, als er 1960 das verstörende Bild einer riesigen, leuchtend roten Rosenblüte in einem leeren Zimmer malte. Nicht genug, dass die Rosenblüte bedrohliche Schatten auf die Zimmerwand wirft und die kreisförmig angeordneten Blätter den Blick geradezu ins Zentrum der Blüte zu ziehen scheinen. Der Maler gab dem Bild dazu noch einen nicht weniger merkwürdigen Titel: «tombeau des lutteurs» – «Das Grab der Ringer»– hat er sein Bild genannt. Die Arbeiten des Surrealisten Magritte beziehen ihren Reiz aus dem Widerspruch zwischen Darstellung und alltäglicher Wahrnehmung und dem scheinbar unvereinbaren Gegensatz zwischen Bildtitel und Gemaltem. So wird der Betrachter geradezu gezwungen, sich selbst eine Verbindung zwischen Titel und Bildmotiv aufgrund eigener Erfahrungen und Assoziationen zu suchen. Leicht hat Magritte es seinen Bewunderern nie gemacht, aber genau das ist so reizvoll an seinen Bildern. So spielt «Das Grab der Ringer» mit dem Gegensatz zwischen der Vorstellung von massigen männlichen Schwerathleten aus dem Titel und der zarten, empfindlichen und vermutlich wohlduftenden Rosenblüte, die im Bild zu sehen ist. Die enorme Größe der Blüte könnte auch zu dem titelgebenden Sportler passen, ebenso die erdrückende Massigkeit, mit der sie das Zimmer füllt. Doch wo ist das Grab? Eher scheint ein ganz beliebiges – wenn auch leeres – Zimmer gemeint zu

René Magritte,
Das Grab der Ringer (1960),
Privatbesitz

sein. Nur eine Gardine bedeckt den Rand des Fensters, das den Blick aufs Wasser frei gibt. Ein See? Ein Fluss? Oder das Meer? Magrittes Bild gibt keine Antworten. Sein Bild von einer zimmerfüllenden, voll erblühten Rose ist ein zauberhaftes poetisches Rätsel, dem man auf verschiedene Weise begegnen kann. So ist Magrittes Rosenbild, kunsthistorisch betrachtet, eine originelle Variation des altvertrauten Rosenstilllebens, das sich in eine lange Reihe berühmter Vorbilder einordnen lässt. Das Bild spielt an auf die prächtigen niederländischen und flämischen Blumenbilder des 17. und 18. Jahrhunderts, in denen einzelne Rosen oder ganze Sträuße kunstvoll in und vor den Blumenvasen dargestellt wurden, immer versehen mit einem kräftigen augentäuschenden Schlagschatten, der uns davon überzeugen soll, dass die Rose auch wirklich vorhanden ist. Zudem vertraut «Das Grab der Ringer» auf einen gebildeten Betrachter, dem die vielen verschiedenen Bilder geläufig sind, die sich Menschen im Verlauf der Jahrhunderte von der Rose gemacht haben. Die schöne rote Farbe und der Blick in die Tiefe der üppig gefüllten Blüte assoziieren die Rose als Liebessymbol oder gar als Stellvertreterin für das geliebte Wesen, das im Denken und Fühlen des Liebenden viel Platz einnimmt. Hat sich Magritte deshalb von den konventionellen Sehgewohnheiten gelöst und auf seinem Bild die Größenverhältnisse zwischen Zimmer und Rose verändert? Kunsthistoriker sprechen von einer Bedeutungsperspektive, wenn die wichtigsten Dinge in einem Bild besonders groß dargestellt werden. Einem griechischen Mythos zufolge wurde die Rose in dem Moment geschaffen, als Venus, die Göttin der Liebe und Schönheit, dem Meer entstieg. Seitdem sind Venus und Rose untrennbar miteinander verbunden. Erlaubt uns Magritte vielleicht deshalb einen Blick durchs Fenster auf das Wasser? Die Anspielung auf Grab und Tod im Titel des Bildes passt zu dem uralten Gebrauch der Rose als Grabschmuck, der Bezeichnung Rosengarten für Schlachtfeld und Friedhof und als Symbol für die Vergänglichkeit und Endlichkeit des Lebens und des menschlichen Daseins. Ist eine Rose also tatsächlich nur eine Rose? Bei Magritte ganz gewiss nicht.

Was hat die Erfinderin dieser Zeile, die amerikanische Schriftstellerin Gertrude Stein (1874–1946) wohl gemeint, als sie den Satz erstmals aufschrieb? Die Rosenzeile gehört zu den berühmtesten Sätzen, die je über Rosen geschrieben wurden, und zu den rätselhaftesten gewiss auch. Tatsächlich formulierte die Autorin die Zeile zunächst aber ein wenig anders: «Rose ist eine Rose ist eine Rose...» lautete sie ursprünglich. Sie gehört zu dem Gedicht «Sacred Emily» von 1913 und bezieht sich auf eine Frau mit dem Namen Rose. Die Autorin variierte die Zeile später bei verschiedenen Gelegenheiten und veränderte damit auch die inhaltliche Aussage. Erst in einer späteren Version fügte Stein den unbestimmten Artikel hinzu und verallgemeinerte die Aussage des Satzes von der bestimmten (Frau) Rose auf das Gewächs. In einer weiteren Version ordnete sie den Satz in Kreisform an, um die unendliche Wiederholbarkeit und gleichzeitige inhaltliche Bedeutungslosigkeit des Satzes aufzuzeigen.

Gertrude Steins spätere Variationen der Rosenzeile sind daher vielleicht als Bild für die schlichte Feststellung zu interpretieren, nach der die Dinge einfach nur das sind, was sie sind, nicht mehr und nicht weniger: Eine Rose ist eben eine Rose, also eine Pflanzengattung, die mit diesem Namen bezeichnet wird. In diesem Fall hätte Stein Begriff und bezeichneten Gegenstand gleichgesetzt. Nehmen wir hingegen Gertrude Steins erste Version des Gedichts, entsteht vor unseren Augen das Bild einer Frau mit dem Namen Rose, die offenbar einer Rose ähnelt oder vielleicht sogar eine Rose ist. Möglicherweise, weil sie rosige Wangen hat, weil sie so anmutig, schön, stolz, unnahbar oder königlich ist wie die Rose. Der Text erlaubt es uns,

das Bild der Frau mit lauter Eigenschaften zu besetzen, die wir gemeinhin Rosen zuschreiben. Wie auf Magrittes Bild wird die Rose in Steins Gedicht zur Metapher und zum Symbol. Gertrude Stein war wie viele andere Autoren auch der Ansicht, bereits das Wort «Rose» hielte für den Leser all die Bilder und Gefühle bereit, die mit dem Gegenstand selbst verbunden sind. Als die Autorin einmal eine Gruppe von Studenten in Chicago unterrichtete, traute sich ein Zuhörer, die berühmte Dichterin nach dem Sinn der Rosenzeile zu fragen. Sie erklärte, dass sie beabsichtigt hätte, dem Begriff Rose in ihrem Gedicht etwas von der besonderen Bedeutung zurückzugeben, die er einst hatte, als die Möglichkeiten der Sprache noch neu und unerforscht waren. Denn nach vielen Jahrhunderten Literaturgeschichte wären so viele Gedichte über Rosen verfasst worden, dass sich der Begriff «Rose» schließlich abgenutzt hätte, dass also die Rose selbst in den Gedichten gar nicht mehr anwesend sei. Stein wollte in ihrem Gedicht die den Wörtern innewohnenden Bedeutungen, Assoziationen, Emotionen neu beleben und ihnen ihre poetische Kraft zurückgeben. Mit der irritierenden Wiederholung in der Satzstruktur versuchte sie, ein Gefühl von Fremdartigkeit zu erzeugen, dem der Leser mit seinen eigenen Vorstellungen begegnen muss. Für Gertrude Stein hatte die Rose in diesem Satz zum ersten Mal nach langer Zeit in der englischsprachigen Literatur wieder eine rote Farbe.

Gertrude Stein hatte bereits in der ersten Hälfte des 20. Jahrhunderts den Eindruck gewonnen, dass der Begriff Rose zu abgenutzt war, um noch als Gestaltungselement poetischer Texte und Bilder zu taugen. Stein und später vielleicht auch Magritte lösten dieses Dilemma, indem sie den vor langer Zeit herausgearbeiteten Bildern und Metaphern von der Rose neue und originelle Lesarten hinzufügten, die der Abnutzung entgegenwirken sollten. Ob es gelungen ist, muss hier nicht entschieden werden. Von einem Standpunkt aus betrachtet, der mehrere Jahrzehnte von der Entstehung des «Grabs der Ringer» und knapp 90 Jahre von der Rosenzeile entfernt ist, haben sich Steins Befürchtungen jedoch offenbar als grundlos herausgestellt. Mag sein, dass die poetische Wirkung des Begriffs «Rose» unter Literaturwissenschaftlern tatsächlich als ein wenig überstrapaziert gilt. Zu spüren ist von einer Krise der Rose als Symbol und Metapher in unserer Alltags-

Viele Rosensorten sind bis heute rosafarben.

kultur jedoch kaum etwas. Ein Strauß Rosen oder vielleicht auch nur ein einzelnes, besonders schönes Exemplar ist für viele immer noch der größte Liebesbeweis und Inbegriff einer romantischen Geste. Im Radio hören wir weiterhin schöne, schmalzige und schmachtende Lieder von der Rose: für Hildegard Knef und die Toten Hosen soll es «rote Rosen regnen»; Wet Wet Wet sind «kissed by the rose» (von der Rose geküsst); Nick Cave und Kylie Minogue wissen in ihrer düsteren Ballade «where the wild roses grow» (wo die wilden Rosen blühen) und Tom Waits singt das Märchen von «the briar and the rose» (dem Gestrüpp und der Rose). Wenn man auf der Frankfurter Buchmesse nach Neuerscheinungen stöbert, begegnet man zahllosen Rosen – meist weiblichen Geschlechts – auf unzähligen Büchern. Betrachtet man darüber hinaus in einer beliebigen Buchhandlung die Regale mit Garten- und Geschenkbüchern, zeigt sich, dass ein großer Teil der aktuellen Buchproduktion im Fach Garten/Natur/Gewächse und ein etwas kleinerer in der Abteilung Rezepte/Wellness den Rosen gewidmet ist: Zucht, Pflege, Schnitt, Krankheiten, Sorten, Geschichte, Farben, Einrichtung, Kochen, Kosmetik und Poesie ... kaum ein Detail, das nicht in opulent ausgestatteten, fachkundig geschriebenen und liebevoll gestalteten Büchern herausgestellt wird. Es müsste also inzwischen längst alles gesagt sein über die Rose. Oder vielleicht doch nicht? Denn ganz gewiss faszinieren uns Rosen immer noch mehr als jede andere Pflanzengattung.

Kehren wir noch einmal zurück zu Magrittes Rosenbild: Im Unterschied zu Gertrude Steins Gedichtzeile, die uns mit unseren persönlichen Vorstellungen von der Gestalt der Rose, ihrer Farbe, Größe und ihrem Duft alleine lässt, malte Magritte ein Exemplar, das für uns heute als die typische Rosenblüte erscheint. Viele nach außen größer und breiter erscheinende, leuchtend rote Blütenblätter umrahmen kelchförmig angeordnet eine verborgene Mitte. Rosenexperten würden Magrittes Rose vermutlich als eine sogenannte «Teehybride» oder «Edelrose» identifizieren. Sie hat nicht mehr viel gemeinsam mit den schlichten fünfblättrigen, den Wildformen nahestehenden Rosen, die in mittelalterlichen Klöstern gepflegt wurden. Tatsächlich haben die Rosen wie alle Kulturpflanzen im Verlauf der Jahrhunderte bemerkenswerte Verwandlungen durchgemacht. So wurden die Teehybriden erst im

19. Jahrhundert aus verschiedenen Arten herausgezüchtet. Lange Stiele und große, elegant geformte, gefüllte Blüten zeichnen diese Rosengruppe aus, die für die Vase ideal geeignet ist und heute zu den beliebtesten und am meisten verkauften Vertreterinnen ihrer Gattung gehört. Über 6000 Teehybriden-Züchtungen sind bisher benannt und registriert worden. Mit den Teehybriden, genauer mit der 1867 gezüchteten Sorte «La France», beginnt zudem in der Geschichte der Rosenzucht das Zeitalter der modernen Rosen. Sie unterscheiden sich in Blüte und Gestalt deutlich von ihren Vorgängerinnen, die man heute auch als «alte Rosen» bezeichnet. Ob sich Magritte bei der Darstellung darüber Gedanken gemacht hat? Für die Betrachtung seines Rosenbildes ist die Frage der genauen Benennung der dargestellten Pflanze wohl nur für Spezialisten interessant. Dennoch gibt es in der Geschichte der Kunst eine gewaltige Menge von Bildern, auf denen Rosen in den verschiedensten Zusammenhängen dargestellt sind. Schaut man genau hin, so lässt sich über die Betrachtung der Bilder vieles über die Geschichte der Rose als Kulturpflanze erfahren. Für die frühe Geschichte dieser Blume bis ins 19. Jahrhundert hinein sind wir auf solche Abbildungen auf Gemälden, in sogenannten Florilegien (was ein Florilegium ist, wird im 4. Kapitel erklärt) und Kräuterbüchern sogar angewiesen, weil sie häufig die einzigen Hinweise für das Aussehen alter verlorener Sorten sind. Die Beschreibungen in alten Büchern und Pflanzlisten lassen sich nämlich häufig nicht eindeutig zuordnen, weil ein verbindliches zweigliedriges System für die Benennung von Gewächsen erst im 18. Jahrhundert von dem Botaniker Carl von Linné eingeführt wurde. Künstler wiederum fügten auf ihren Bildern Rosen hinzu, weil sie damit auf bestimmte Sachverhalte, etwa Liebe, Schönheit oder Tod, oder auf antike und christliche Legenden hinweisen konnten, wie sie auch in Steins Gedicht und Magrittes Bild angedeutet werden. So kann man über die Bilder nicht nur viel über die kultivierten Sorten, sondern auch über die Bedeutungen erfahren, die Rosen für die Maler und Betrachter, aber auch für Züchter, Gärtner und Sammler gehabt haben.

Von den häufig komplizierten Verbindungen zwischen Menschen und Rosen handelt dieses Rosenbuch. Erzählt wird eine kleine – und ganz gewiss nicht vollständige – Geschichte der Rosenbilder. Gefragt wird nach den Bezie-

Rosa gallica
«Tricolor de Flandre»,
Die Rose, *Komlosy Ferenztöl*
(1872), Stuttgart, *Württembergische Landesbibliothek*

hungen zwischen Gewächsen, Bildern und Menschen von den Anfängen der Rosenliebhaberei im antiken Griechenland bis in die Gegenwart und den Gründen für die uralte Faszination, die von den Rosen ausgeht. So waren Rosen Geschenke für die Götter, Heiligensymbol, Ausgangsmaterial für Duftstoffe und Arzneien, Lebensmittel, Schmuck, Forschungsgegenstand und Objekt der Begierde für leidenschaftliche Sammler gleichermaßen. Das Buch spürt dem uralten Wunsch nach, seltene Sorten oder ganz neue Arten aus fernen Ländern zu besitzen, zu sammeln und vorzuzeigen. Denn die Rosenbilder reflektieren nicht zuletzt auch unsere ständig im Wandel begriffene Beziehung zur Natur. Es sucht aber auch nach den lebenden Modellen für die Bilder, von denen einige tatsächlich die Jahrhunderte in versteckten Gärten begeisterter Rosenliebhaber überlebt haben und heute wieder zum Angebot kommerzieller Rosengärtnereien gehören. Andere hingegen, wie die geheimnisvolle gelbe van Huysum-Rose, überdauerten nur auf Bildern. Die van Huysum-Rose teilt das Schicksal vieler einst von Gartenfreunden geschätzten Rosen. So berichtet das Buch nicht zuletzt auch über unvermeidliche Verluste und den stetigen Wandel der Mode, der auch die Liebe zu den Rosen unterworfen ist.

Ein paar Worte noch zu den botanischen Fachbegriffen: Jede Pflanze besitzt einen wissenschaftlichen Namen, der auf der ganzen Welt gültig ist, im Unterschied zu dem jeweiligen landessprachlichen Namen, der variieren kann. Dieser wissenschaftliche Name einer Pflanze wird nur ein einziges Mal vergeben und setzt sich aus zwei Bestandteilen zusammen. Der erste Teil gibt die Gattung wieder, zu der das Gewächs gehört, das ist in unserem Fall die Bezeichnung «Rosa» für die Gattung der Rosen, der zweite Teil benennt die Art. So gehört Rosa canina zur Gattung Rosa, zu der auch die gelbe Rosa foetida (Fuchsrose) oder die rote Rosa gallica (Essigrose) gehören. Erst der Artname «canina» kennzeichnet das Gewächs als unsere einheimische, blassrosa blühende Hundsrose. Die wildwachsenden Rosenarten können noch weiter in Unterarten, Varietäten, Formen oder Bastarde unterteilt werden. Natürliche und zufällig erfolgte Kreuzungen verschiedener Rosenarten bezeichnet man als Hybriden. Hybriden werden in ihrem wissenschaftlichen Namen mit einem «x» zwischen Gattungs- und Artnamen gekennzeichnet, um herauszustellen, dass es sich nicht um eine ursprüngliche Art

handelt. Jedoch folgen nicht alle Fachbücher dieser Schreibweise und auch die Forschung ist sich häufig uneins, was den genauen Status gewisser Arten betrifft. So geben Botaniker etwa die Zahl der wild vorkommenden Rosenarten mit 100–150 Arten an. Manche wildwachsenden Rosen ähneln sich nämlich so sehr, dass sie sowohl eine Form der selben Art sein könnten, vielleicht aber auch verschiedenen Spezies angehören. Über diese Probleme wird in Fachkreisen endlos diskutiert. Aus den verhältnismäßig wenigen Wildarten und Naturhybriden wurden in den letzten 150 Jahren mehr als 20.000 Sorten gezüchtet. So entstand etwa die erste Teehybridensorte «La France» aus einer Kreuzung zwischen der chinesischen Teerose Rosa x odorata und einer weiteren Rosenart. Als Sorten werden schließlich alle Rosen bezeichnet, die aus Arten oder Hybriden gezielt auf bestimmte Merkmale wie Farbe, Duft, Blätter, Frosthärte oder längere Blühzeiten gezüchtet werden. So wurde etwa aus der Stammmutter vieler roter Rosen, der Rosa gallica, die Sorte Rosa gallica officinalis, die Apothekerrose, gezüchtet, der wir im übernächsten Kapitel begegnen werden. Die Heimat aller Wildrosenarten liegt auf der Nordhalbkugel unserer Erde. Viele stammen aus China und dem übrigen Asien. Allein 32 Arten sind in Europa heimisch, einige auch in Arabien und Nordafrika. Zehn Arten wachsen ausschließlich in Nordamerika. Die allermeisten Rosen werden bei uns im Garten gepflegt, da viele Wildrosen und bewährte Züchtungen den heimischen Winter ohne große Probleme überstehen können. Wer sich in die manchmal kniffligen Fragen zur Pflege und Zucht von Rosen vertiefen will, der sei auf die reichliche Fachliteratur und die in beinahe jedem Ort vorhandenen Gartenbauvereine verwiesen. Hier nur ein paar Hinweise, die sich meines Erachtens bei der Pflege der schönen Gewächse bewährt haben:

Die Rose ist nicht nur metaphorisch gesprochen die Königin der Blumen. Sie ist tatsächlich eine Diva und braucht im Garten einen guten Platz, um ihre volle Schönheit entfalten zu können. Der Boden sollte durchlässig und nährstoffreich sein. Ein sonniger und warmer Standort wird bevorzugt, sollte aber nicht zu dicht an der Hauswand liegen, denn stauende Wärme und Trockenheit bekommen der Schönen ebensowenig wie zuviel Feuchtigkeit. Ist sie unzufrieden, antwortet sie mit Schädlingsbefall, Mehltau,

Heute gibt es eine Vielzahl verschiedener Rosen, deren Blüten zweifarbig sind.

Sternrußtau und anderen Krankheiten. Setzen Sie Ihren Liebling daher also möglichst frei in den Garten an einen sonnigen Platz, an dem der Wind durch ihre Blätter ziehen kann. Das heißt auch, dass ein gewisser Abstand zu den Nachbarpflanzen eingehalten werden sollte. In Rosenratgebern wird gerne und lang darüber diskutiert, mit welchen anderen Pflanzen man Rosen zusammensetzen kann. Lavendel wird fast immer genannt, weil er angeblich Blattläuse von der Rose fernhält – was nach meinen Beobachtungen jedoch nicht stimmt. Schaffen Sie auf jeden Fall genügend Platz zwischen den Rosen und den anderen Gewächsen ihres Gartens. Ausreichende Versorgung mit einem speziellen Rosendünger und regelmäßige Wassergaben dankt die Rose mit üppigem Wachstum und reicher Blüte. Blüht die Rose mehrfach, sollten die verwelkten Blüten abgeschnitten werden. Bei einmal blühenden Exemplaren wie den Apothekerrosen lässt man die Blüten am Strauch, damit sich im Herbst die attraktiven Hagebutten entwickeln können. Die meisten Gartenrosen muss man im Unterschied zu den wilden Arten regelmäßig zurückschneiden – auch wenn es häufig schwerfällt –, um einen buschigen Wuchs, Wachstum und Blüte zu fördern. Ein bis heute nicht entschiedener Streit geht um die Frage, ob Rosensträucher im Herbst oder Frühjahr geschnitten werden sollten. Zugegeben, es ist schon ein gutes Gefühl, den Garten im Herbst aufzuräumen, hässliche Äste und altes Laub zu entfernen. Nach meiner Erfahrung ist es jedoch nicht nur für Rosen, sondern auch für viele andere Gartenpflanzen besser, mit dem Rückschnitt bis zum Frühjahr zu warten, weil durch den zusätzlichen Schutz von Zweigen und Laub Frost und Kälte weniger Angriffsflächen haben. Meist reicht es aus, die Veredelungsstelle mit Laub und Erde zu bedecken. Februar oder März sind dann gute Monate, um die Rosen zurechtzustutzen. Viele Rosenkrankheiten können durch gute Pflege vermieden – oder zumindest in Grenzen gehalten werden. Wer es nicht erträgt, die geliebte Pflanze mit von Mehltau weißlich überzogenen oder schwarz verfärbten Sternrußtau-Blättern zu sehen, findet im Fachhandel eine große Auswahl an Bekämpfungsmitteln. Ist der Befall nicht so schlimm, reicht es vielleicht, die betroffenen Blätter zu entfernen und die Standortbedingungen zu verbessern. Dies bedeutet häufig, die aufdringlich wuchernde Pflanzennachbarschaft zurückzuschneiden, ausreichend zu

düngen oder zu gießen oder notfalls den Strauch im Herbst umzupflanzen. Lästige Blattläuse treten meistens im zeitigen Frühjahr auf. Bei vereinzelt stehenden Sträuchern wartet man am besten ab, bis die natürlichen Feinde wie Marienkäfer oder Schwebefliege den Weg zur befallenen Pflanze gefunden haben. Auch das Absammeln der Schädlinge an den frischen Trieben und Knospen hat sich bewährt, ist aber nicht jedermanns Sache. Wo Blattläuse sind, sind auch Ameisen, die sich von den süßen Absonderungen der Blattläuse ernähren und die ihre Läuseherden gegen Käfer und Larven energisch verteidigen. Daher sollten Ameisennester in der Nähe der Rosensträucher unbedingt entfernt werden.

Rosen lassen sich aber nicht nur im Gartenbeet, sondern auch in Töpfen ziehen – eine Praxis, die uns auch auf Bildern des 19. Jahrhunderts begegnet. Die Comtesse d'Haussonville führt uns dies auf einem 1845 entstandenen Porträt des französischen Malers Jean Dominique Ingres vor. Sie hat auf dem Kaminsims vor dem Spiegel ein Stillleben mit einem kleinen, rosarot blühenden Rosenstrauch in einem hübschen Porzellantopf arrangiert. Auf Ingres' Porträt erscheint die Pflanze recht klein, eine Beobachtung, die sich auch auf vielen anderen Bildern machen lässt, die Rosentöpfe im Zimmer zeigen. Die heute so beliebten Miniaturrosen wurden zwar erst im 20. Jahrhundert entwickelt, aber bereits im 19. Jahrhundert hat man sich offenbar um die Pflege klein bleibender Arten für den Blumentopf im Zimmer bemüht. Vermutlich wurden damals Rosensträucher nur zur Blüte ins Zimmer geholt. Zu bedenken ist, dass Wohnräume bis ins 20. Jahrhundert hinein meist wesentlich kühler waren, als wir das heute gewohnt sind. Wer also ein nostalgisches Rosenzimmer im Stil der Comtesse gestalten möchte, sollte dies nur für kurze Zeit tun und der Pflanze für den Rest des Jahres ein schönes Plätzchen im Freien gönnen. Denn Rosen sind Freilandgewächse. Inzwischen werden viele kleiner bleibende Sorten für den Balkon angeboten, die in geeigneten Kübeln und Containern gut wachsen. Wichtig ist es, einen möglichst tiefen Behälter zu wählen, weil Rosen tief wurzeln und entsprechend viel Raum benötigen. Standort, Schnitt und Pflege gleichen weitgehend denen der Rosen im Garten. Doch wann fing man eigentlich an, Rosen im Garten oder gar im Topf zu kultivieren? Mehr dazu im nächsten Kapitel.

Rosen für Götter und Feste
Rosen im antiken Griechenland und im alten Rom

Wenn Zeus eine Königin der Blumen
wählen würde,
würde er die Rose wählen,
und sie zur Herrscherin krönen.
Denn die Rose ist der Schmuck der
Erde,
der Glanz der Wiesen,
und von ihrem Purpur
erröten die Hecken.
Ja, sie ist die leuchtende Schönheit
selbst,
der Liebe voll, die Blume Aphrodites.
Ihre duftenden Blüten wiegen sich
über zitterndem Grün,
froh über den lächelnden
Sommerwind.

Achilleus Tatios
aus «Leukippe und Kleitophon»,
der Dichterin Sappho zugeschrieben
(um 620–um 570 v. Chr.)

Rosenmythen Gehüllt in einen Schauer aus Rosen-
blütend vorwärts getrieben vom Hauch des Westwin-
des Zephyr nähert sich die aus dem Schaum des Meeres
geborene Venus auf einer Muschelschale dem Ufer der
Insel Kythera. Dort reicht ihr die Verkörperung des Frühlings mit einem Zweig Rosenblüten im Arm einen Mantel. Der italienische Maler Sandro Botticelli hat dieses
berühmte Bild mit dem etwas irreführenden Titel «Die
Geburt der Venus» um 1486 für ein Mitglied der kunstsinnigen Medici-Familie in Florenz gemalt. Heute ist
das große, beinahe 2 auf 3 m messende Werk in den Flo-
rentiner Uffizien zu bestaunen. Tatsächlich ist nicht die
Geburt der griechischen Göttin der Liebe und Schönheit
aus den Fluten des Meeres dargestellt, sondern vielmehr
Venus' Reise über das Meer und ihre Ankunft in der
irdischen Welt.
Botticellis Bild gilt heute als eines der bedeutendsten
Kunstwerke der italienischen Renaissance – jener Epoche,
in der man nach langer Zeit erstmals versuchte, Geist
und Kunst der als vorbildhaft empfundenen Griechen
und Römer neu zu beleben. Tatsächlich konnte Botticelli
auf eine ganze Reihe antiker Texte zurückgreifen, als er
das Bild von der Seereise der schönen Göttin gestaltete.
So erzählt der Dichter Homer bereits im 8. Jahrhundert
v. Chr. in dem «Hymnus an Aphrodite» (Aphrodite ist
der griechische Name der Venus) von der Geburt der
Göttin und ihrer Ankunft auf der Insel, ebenso wie der

um 800 v. Chr. geborene griechische Geschichtsschreiber
Hesiod. Später dichtet der Römer Ovid in der Zeit um
Christi Geburt über den Mythos in seinem berühmten
Buch der Verwandlungen, den «Metamorphosen».
Botticellis Bild, das uns heute als wunderschöne Wieder-
belebung der antiken Überlieferung erscheint, ist dem-
nach eine Zusammenstellung verschiedener Texte aus
unterschiedlichen Epochen. Die Rosen, die der Maler auf
seinem Bild so selbstverständlich als Beigabe und
Schmuck der Göttin hinzugefügt hat, werden in den
Texten Hesiods, Homers und Ovids gar nicht erwähnt.
Dennoch wissen wir, dass Wesen und Eigenschaften der
Göttin der Liebe und der Schönheit bereits im antiken
Griechenland untrennbar mit der Rose verknüpft waren.
Zahllose Mythen ranken sich um das Gewächs, das
schon damals als die «Königin der Blumen» bezeichnet
wurde; ein Ausspruch, der gerne der griechischen Poetin
Sappho zugeschrieben wird, die um 620 v. Chr. geboren
wurde und als erste griechische Autorin überhaupt gilt,
die sich in ihrem dichterischen Werk mit der Rose befasst
hat. Sie bezeichnete die Rose als Blume der Aphrodite
und als Schmuck der Erde.
Genaueres kann uns der griechische Dichter Anakreon
(um 550–459 v. Chr.) erzählen. In seiner Ode «Lob der
Rose» schreibt er, dass die Erdgöttin Gaia den Rosenstrauch in jenem Moment erschaffen hatte, als Aphrodite
dem Meer entstieg. Die anwesenden Götter benetzten

den Strauch mit ihrer himmlischen Nahrung, dem Nektar, und sorgten so dafür, dass die allererste Rose gleichzeitig mit der Ankunft der Venus in der Welt zu blühen begann.

In anderen Mythen wird erzählt, dass die ersten Rosen ausschließlich von blasser Farbe waren, in etwa so, wie sie auch Botticelli gemalt hat. Ein Kupferstich aus dem 16. Jahrhundert bebildert die Legende, nach der die Rosen ihre rote Färbung erhielten. Das Blatt zeigt Venus, die sich in den schönen jungen Jäger Adonis verliebte, obwohl sie bereits mit dem Kriegsgott Mars verheiratet war. Die Liebe zwischen der Göttin und Adonis wird von dem geflügelten Liebesgott mit Pfeil und Bogen symbolisiert. Der kleine Kerl heißt manchmal Eros und manchmal Amor, er ist Kind und ständiger Begleiter der Göttin. Auf alten Bildern, die von Liebesglück und Liebesleid handeln, ist er meistens dabei. Auf dieser Darstellung schläft er gerade, während Venus versucht, bei einer Auseinandersetzung zwischen Adonis und dem eifersüchtigen Mars zu vermitteln, und sich dabei an einem Rosenstachel verletzt. Ihr Blut färbt daraufhin die bisher weißen Rosen rot. In anderen Überlieferungen weint Venus nach dem Tod des Adonis weiße Rosen und der tote Geliebte selbst verwandelt sich in eine rote Rose. In der «Ilias» – dem gewaltigen Werk über den Kampf der Griechen gegen die Trojaner – schildert Homer, wie Aphrodite den geschundenen Leichnam des trojanischen Helden Hektor vor der maßlosen Wut des Achilles in Schutz nimmt und ihn Tage und Nächte mit Rosenöl salbt, um ihn vor der Verwesung zu bewahren.

Bereits in diesen uralten Geschichten ist die Rose unauflöslich mit den Begriffen Liebe und Eros verknüpft, aber auch mit ihren dunklen Kehrseiten, nämlich mit der Vergänglichkeit von Liebesglück und irdischem Leben, Verlust und Tod des geliebten Wesens. Homer schildert diesen letzten Aspekt auch in seinem «Hymnus an Demeter», die Göttin des Getreides. Er erzählt von Demeters Tochter Persephone, die mit ihren Freundinnen auf der Frühlingswiese Veilchen, Krokusse, Narzissen, Iris und Rosen sammelt. Hades, der Gott der Unterwelt und Herrscher über die Toten, sieht die schöne Persephone, zieht sie auf seinen Streitwagen und verschleppt sie in sein Reich. Der holländische Maler Rembrandt hat den Mythos mehr als tausend Jahre später unnachahmlich und packend in einem Bild dargestellt. Er malte Persephones Freundinnen, wie sie versuchen, die junge Frau am Mantel festzuhalten, während Persephone sich verzweifelt gegen den übermächtigen Gott wehrt und die soeben gepflückten Blumen aus dem Korb fallen. Rembrandt hat die Rosen in der Blütenfülle deutlich hervorgehoben, ebenso in dem Blumenkranz, der Persephones Haar schmückt.

Mit dem Mythos von Demeter und Persephone erklärten sich die Griechen den Wechsel der Jahreszeiten. Nachdem Persephone nämlich im Reich des Hades verschwunden ist, verfällt die untröstliche Mutter Demeter in tiefe Trauer. Daraufhin verdorrt das Land, die Pflanzen sterben ab, es wird Winter. Erst als Demeter Hades das Versprechen abringen kann, dass die Tochter einen Teil des Jahres an der Erdoberfläche bei ihr bleiben darf, wird die Erde wieder grün und fruchtbar. So war die Rose in der griechischen Dichtung das schönste Symbol für Fruchtbarkeit, Aufbruch und Glück, das der Frühling mit sich bringt.

Auch Anakreons Ode schildert die Rose als Blume des Frühlings und der Liebe. Darüber hinaus vergleicht der Dichter die Blume mit weiteren weiblichen Gottheiten, mit den Chariten oder Grazien – den Göttinnen der Anmut und Schönheit –, mit den Nymphen – Naturgottheiten, die an Quellen wohnen – oder mit der schönen rosenfingrigen Eos, der Göttin der Morgenröte. Anakreon nutzt die Rosenmetapher jedoch auch, um die Schönheit ganz irdischer junger Mädchen zu umschreiben. Später vergleichen die Römer junge Mädchen und Frauen mit der Rose und bezeichnen ihre Geliebte als «mea rosa», meine Rose.

Daneben kennt Anakreon die Rose noch als Symbol eines männlichen Gottes, nämlich als «Bakchos ewig junge Blume». Bakchos ist der Gott des Weines und des rauschhaften Festes, auch Dionysos oder Lyäos genannt. Liebesgöttin Aphrodite und Weingott Dionysos hat Anakreon in seinen Dichtungen im Bild der Rose vereint. Denn Liebe, Wein und Rausch gehörten bereits in der griechischen Welt untrennbar zusammen. Anschaulich illustriert wird dies durch das Gedicht von Eros in den Rosen, der in den Wein geworfen wird und den Erzähler daraufhin am Herzen kitzelt.

Rote und weiße Rosen ergeben einen schönen Kontrast.

Lob der Rose

Säng' ich wohl den schönbekränzten
Lenz! Und dich nicht, holde Rose?
Mädchen auf! Ein Wechselliedchen.

Wohlgeruch haucht sie den Göttern;
Sie der erdgebornen Wonne,
Ist der Chariten erwählter
Schmuck zur Zeit, wo in der Blüten
Fülle die Eroten schwärmen.
Aphrodites Spielzeug ist sie,
Jedes Dichters Lustgedanke,
Ja, der Musen Lieblingsblume.

Lieblich duftet sie vom Strauche
Dir am dornbewachsenen Pfade;
Lieblich hauchet Eros' Blume,
Wenn du sie in zarten Händen
Wärmend ihren Atem saugest.

Bei dem Schmaus, beim Trinkgelage,
Bei Lyäos frohen Festen,
Sagt, was möchte wohl den Sänger
freun, wenn die Rose fehlte?
Rosenfingerig ist Eos,
Rosenarmig sind die Nymphen,
Rosig Aphrodite selber;
Also lehren uns die Dichter.

Auch den Kranken heilt sie wieder,
Scheucht von Toten die Verwesung,
Ja, sie trotzt der Zeit des Welkens:
Reizend selber ist ihr Alter
Durch Wohlgeruch der Jugend.

Aber nun: wie ward die Rose?
– Als dem Schaum des blauen Meeres
Die betraute Kythere,
Pontos' Tochter einst entstiegen,
Und die kriegerische Pallas,
Schrecklich selber dem Olympos,
Auf Kronions Haupt sich zeigte,
Damals ließ auch Mutter Erde
Sie, die vielgepriesne Rose,
Dieses holden Wunderwerkes
Ersten jungen Strauch, entsprießen.
Und die Schar der selgen Götter
Kam, mit Nektar sie zu netzen.
Alsbald blühend, purpurglänzend,
Stieg sie aus dem Dorngesträuche,
Bakchos' ewig junge Blume.

Anakreon
(um 550–495 v. Chr.)

Die ursprünglichen Rosen
waren ungefüllt.

Rosen in den Gärten des Midas Anakreon beschwört neben Schönheit und Symbolik auch den einzigartigen Duft der Rose. Ein Duft, der so stark ist, dass er sogar Alter und Tod trotzen kann. Schauen wir uns griechische und lateinische Texte aus der Antike genauer an, so wird deutlich, dass es noch vor Gestalt und Farbe der kurz blühenden Gewächse vor allem der Duft gewesen sein muss, der die damaligen Menschen an der Rose so fasziniert hat. Dies hängt sicherlich mit der Bedeutung des Rosenstrauches als Lieferant für Duftstoffe – Rosenöl und Rosenwasser – zusammen, die als Kosmetik und wirksame Arznei zugleich geschätzt wurden. Öl und Rosenwasser standen zudem auch dann noch zur Verfügung, wenn die letzte Rose bereits verblüht war (zur Gewinnung der Duftstoffe aus den Rosenblüten mehr im 4. Kapitel). In dieser Hinsicht lässt sich auch die bekannte Stelle bei Herodot im 8. Buch der «Historien» – einer Geschichte der Auseinandersetzung zwischen Griechen und Persern aus dem 5. Jahrhundert – deuten, in dem der Autor über die Besiedlung Makedoniens im Norden Griechenlands und über einen ganz besonderen Rosengarten spricht. Er schreibt von drei Brüdern, die «… aber kamen in ein anderes Land von Makedonien und ließen sich nieder in der Nähe der Gärten, die der Sage nach Midas, Gordias Sohn, gehören und in denen Rosen wild wachsen mit Blüten, deren jede sechzig Blätter hat und die im Duft alle anderen Rosen übertreffen. In diesen Gärten wurde auch der Silen gefangen, wie die Makedonen erzählen. Über diesen Gärten steigt ein Gebirge auf, das den Namen Bennion trägt, unbesteigbar wegen des ewigen Schnees». Gartenhistoriker haben immer wieder gerne über die von Herodot beschriebene, wunderbar duftende Rose mit den vielen Blütenblättern spekuliert. Lange nahm man an, dass wegen der zahlreichen Blütenblätter Rosa x centifolia gemeint gewesen sein müsste. Heute hingegen tendiert man eher zu gefüllt blühenden Sorten der Rosa gallica oder Rosa x alba, die es damals im Unterschied zur Centifolie schon gab. Doch schildert Herodot weniger einen tatsächlich existierenden, historisch fassbaren Garten, sondern zuallererst einen sagenhaften Ort voller Wunder, nämlich den Garten eines damals bereits legendären Königs, in dem der Silen, ein mythisches, dem Dionysos zugeordnetes Mischwesen aus Menschenkörper und Tierbeinen, seine Wohnung hatte. Herodot beschreibt einen Märchengarten, der von unbezwingbaren Bergen umgeben ist und in dem Rosen unbestimmter Farbe mit unübertrefflichem Duft vollkommen wild wachsen. Herodots Beschreibung der wunderbaren Rosensträucher kann man nur unter Schwierigkeiten den bekannten Rosensorten oder Arten zuordnen. Dennoch wissen wir aus verschiedenen Überlieferungen, dass bereits im antiken Griechenland zwischen Wild- und Zuchtrosen unterschieden wurde, auch wenn exakte Beschreibungen und genaue bildliche Darstellungen der Gewächse fehlen.

So wirkt die allererste bekannte Abbildung einer Rosenblüte in der Geschichte der europäischen Kunst im Vergleich zu den reichen literarischen Beschreibungen geradezu enttäuschend schlicht. Dargestellt ist diese Blüte auf dem Wandbild mit dem blauen Vogel im Palast von Knossos auf der griechischen Insel Kreta. Um 1450 v. Chr. hat ein unbekannter Künstler das Gemälde geschaffen. Über die Jahrtausende stark zerstört, wurde es nach archäologischen Ausgrabungen aus verschiedenen Fragmenten neu zusammengesetzt und ergänzt. Nur eine einzige Blüte ist noch im Original erhalten, alle anderen Blüten wurden später hinzugemalt. Die allererste Darstellung einer Rose in der abendländischen Kunst ist blassrosa und hat fünf Blütenblätter. Wie alle Pflanzendarstellungen in der kretischen Kunst der Zeit ist sie deutlich stilisiert. Den Malern ging es ja gar nicht so sehr um eine möglichst naturgetreue Abbildung. Thema ihrer Wandbilder ist eine idealisierende Darstellung des höfischen Lebens im Palast von Knossos. Die vielen grünen und blühenden Gewächse auf den Wandbildern sollten vor allem die Annehmlichkeiten des Palastlebens betonen. Eine Bestimmung der Art nach modernen botanischen Gesichtspunkten ist kaum möglich und war von den Malern auch nicht beabsichtigt. Dennoch meinten Gartenhistoriker in der Darstellung eine Form der Rosa gallica oder der in Nordafrika kultivierten Rosa richardii zu erkennen.

Nach dem Niedergang Kretas gibt es lange Zeit nur wenige Nachrichten über Rosen, obwohl der Blütenstrauch im Verlauf der Jahrhunderte zu einem festen Bestandteil der griechischen Kultur wurde. So befand sich etwa im Tempel der Artemis in Ephesos in der heutigen Türkei ein berühmtes Standbild der Göttin, das in mehreren antiken

Kopien bis heute erhalten geblieben ist. Auf einigen Versionen, wie etwa der aus dem Nationalmuseum von Neapel, sind am unteren Saum ihres Gewandes zwischen Bienenreliefs einfache Rosenblüten mit fünf Blütenblättern dargestellt. Die Artemis von Ephesos war neben vielen anderen Bedeutungen auch eine Fruchtbarkeitsgöttin. Vielleicht sind die Blüten in diesem Zusammenhang zu sehen, vielleicht unterstreichen die Rosenblüten auch nur ihre göttliche Schönheit.

Rosen in den Büchern von Theophrastos und Dioskurides Zu den wichtigen Berichterstattern der Frühgeschichte der Rose gehört der griechische Schüler des Aristoteles, der Philosoph und Naturforscher Theophrastos, der im 3. Jahrhundert v. Chr. das einflussreiche Buch «Die Naturgeschichte der Gewächse» verfasst hat, ein Werk, das ihm den Beinamen «Vater der Botanik» eingebracht. In diesem Buch setzt sich Theophrast ausführlich mit der Rose auseinander. Der Autor kennt die wilde Rose, die er als «kynosbaton» bezeichnet. Gemeint ist vermutlich die in Europa weit verbreitete Hundsrose Rosa canina. Rosen mit gefüllten Blüten nennt Theophrastos hingegen schlicht «rhodon» – Rose. Darunter verstand er sehr wahrscheinlich Formen der Rosa gallica. Theophrastos berichtet aber auch über die Rosen Ägyptens, die sich von den griechischen Sorten dadurch unterscheiden, dass sie schon zwei Monate früher blühen. Darüber hinaus enthält sein Buch viele praktische Angaben zur Rosenpflege und Zucht, die darauf hinweisen, dass der Autor mit vielen Fachleuten, Bauern oder Gärtnern gesprochen hat. Leider hat sich keine antike, mit Bildern versehene Abschrift seines Buches erhalten.

Im 1. Jahrhundert n. Chr. schrieb der griechische Militärarzt Dioskurides in Kleinasien die «Materia medica», ein Buch über die Heilkunde, das bald zu dem bedeutendsten medizinischen Werk des Altertums wurde und für das der Autor auch auf die Schriften des Theophrastos zurückgriff. Dioskurides' Buch handelt von den Arzneipflanzen, ihren medizinischen Bestandteilen und Duftstoffen. Systematisch benennt, beschreibt und klassifiziert der Autor über 600 Gewächse, darunter auch die Rose. Bis heute gilt sein Traktat als das einflussreichste Buch über Heilpflanzen und Arzneien, das je geschrieben

wurde. Soviel wir wissen, war das Werk in seinen frühesten Ausgaben noch nicht illustriert. Bilder wurden erst in späteren Versionen hinzugefügt. Eine besonders prächtige, mit vielen Pflanzenbildern ausgestattete Handschrift des Textes, die auf 512 n. Chr. datiert wird, hat sich bis heute erhalten. Sie zählt zu den berühmtesten Büchern überhaupt. Die nach seinem heutigen Aufbewahrungsort in der Wiener Nationalbibliothek als «Wiener Dioskurides» bekannte Handschrift ist das einzige erhaltene, illustrierte naturwissenschaftliche Buch der Antike. Es enthält neben ausführlichen Angaben zur Herstellung des kostbaren Rosenöls eine einzigartige ganzseitige Darstellung einer roten, vielblättrigen Rose von den Wurzeln bis zur Blüte. Der Unterschied zu der Rosendarstellung aus Kreta könnte größer nicht sein. Das Bild verrät uns viel über das Können und die Fähigkeiten der antiken Maler, eine Pflanze in Licht und Schatten wiederzugeben, zwischen verholzten und grünen Stängelteilen zu unterscheiden und Ansatz und Wuchsform der Blätter genau zu malen. Viel Wert legte der Künstler etwa auf unterschiedliche Ansichten von geöffneten Blüten und Knospen und die feinen Haare am Stängel und an den schmalen Kelchblättern unterhalb der Blüten. Dennoch ist das Gewächs trotz seines Detailreichtums nicht eindeutig zu bestimmen. Dies liegt vielleicht auch daran, dass der Maler sehr wahrscheinlich keine echte Pflanze als Modell vor sich hatte, als er sein Bild malte, sondern auf eine ältere gemalte Vorlage zurückgriff. Zudem muss der Künstler nicht unbedingt ein Pflanzenkenner gewesen sein, der wusste, auf welche Details es bei der Darstellung einer Pflanze ankommt. Sehr wahrscheinlich war er als Buchmaler in einer Werkstatt angestellt, in der sehr verschiedene Handschriften professionell mit Illustrationen versehen wurden.

Ganz allgemein kann man festhalten, dass es in der Geschichte der Rosendarstellung noch sehr lange dauern wird, bis die dargestellten Gewächse auch modernen botanischen Bestimmungskriterien standhalten werden. Denn der «Wiener Dioskurides» wurde nicht als ein Bestimmungsbuch für Kräutersammler hergestellt, sondern als medizinisches Lehrbuch und als kostbares Geschenk für eine hochgebildete byzantinische Prinzessin. Trotzdem haben schon viele Botaniker über dem Rosenbild aus dem «Wiener Dioskurides» gebrütet und gerätselt, welche

Rosendarstellung im «Wiener Dioskurides» *(um 512)*, *Wien, Nationalbibliothek*

FOLGENDE DOPPELSEITE
Ungefüllte Rosen haben noch einen ganz ursprünglichen Charme.

Bis heute sind viele Rosensorten rosafarben.

Art der Maler wohl darstellen wollte. In älteren Kommentaren wird interessanterweise die gelbe Fuchsrose Rosa foetida vorgeschlagen. In anderen wird Rosa x centifolia genannt, die jedoch auszuschließen ist, weil die Art erst sehr viel später in der Geschichte der Rose erscheinen wird.

Im Bildtitel wird die Darstellung als «rhodon», also als Gartenrose bezeichnet. Im Text unterscheidet der Autor ebenso wie vor ihm Theophrastos zwischen Wild- und Gartenrosen. Dioskurides vertritt die Auffassung, die wilde Rose sei prinzipiell für viele medizinische Anwendungen besser geeignet als die Gartenrose. Besonders das aus den Blüten gewonnene Rosenöl empfiehlt er gegen eine Vielzahl von Beschwerden, so etwa der astringierenden, kühlenden Wirkung wegen als Einreibemittel, aber auch zum Besprengen von Räumen und als Beimischung weicher Salben. Getrunken öffne es den Leib und mildere die Hitze des Magens, sei ein Nährmittel für hohle Geschwüre und besänftige die bösartigen. Als Mittel gegen Schorf und Ausschlag werde es ebenso verwendet wie gegen Kopfschmerzen oder als Spülung gegen Zahnschmerzen. Eingestrichen soll es gegen Verhärtungen der Augenlider wirken und als Klystier gegen Reize der Eingeweide und der Gebärmutter. Die Rosenblätter helfen als Mittel gegen Kopf-, Augen-, Ohren-, Zahnfleisch- oder Bauchschmerzen, bei Unterleibsproblemen und bei Entzündungen der Haut.

Griechische Gärten

Griechische Gärten Für die Griechen waren Rosen vor allem Nutzpflanzen. Niemand wäre damals auf die Idee gekommen, sie allein als Zierde und Schmuck in einem Garten anzupflanzen. Für medizinische Zwecke, zur Herstellung des begehrten Rosenöls, als Schmuck und Opfergabe für die Götter sammelten die Griechen der Antike die Rosen in der Wildnis, in den Bergen und an den Ufern der Flüsse. Rosen wurden aber bereits damals überall von Bauern in speziellen Nutzgärten gezogen. Der um 300 v. Chr. tätige griechische Schriftsteller Athenaeus berichtet, dass die Bewohner der Stadt Philippi wilde Rosenstöcke aus den Bergen holten, um sie in ihren Gärten einzupflanzen. Zu einem Zentrum der Rosenkultur entwickelte sich die Insel Rhodos. Sie stand in dem legendären Ruf, ganz und gar vom Rosenduft der

zerriebenen, getrockneten Blütenblätter erfüllt gewesen zu sein. Einen Hinweis auf die Bedeutung, die der Blume auf Rhodos beigemessen wurde, geben Geldmünzen aus der Zeit, in die Darstellungen realistisch aussehender Rosenknospen oder geöffneter Blüten geprägt wurden. Rosenblüten brauchte man in großen Mengen für religiöse Feste, Zeremonien und Prozessionen. In den Tempeln wurden Altäre und Götterstatuen mit Blumen geschmückt. Aber auch für das Symposion, das festliche Trinkgelage der Männer, wurden Rosen als Zierde benötigt. Auf Vasenbildern kann man erkennen, dass Wände und Türrahmen der Festsäle mit Blumenkränzen und Girlanden behängt wurden. Ein Wandbild aus der vom Vesuv verschütteten Stadt Pompeji, das wahrscheinlich nach älteren griechischen Vorbildern entstanden ist, illustriert den Brauch, zum Gelage einen Rosenkranz zu tragen. Der Kranz ist aus gefüllten roten Rosenblüten und Efeu geflochten. Efeu und Kantaros – der Weinbecher –, den der junge Mann vor sich hält, siedeln die dargestellte Szene bei einem dem Dionysos gewidmeten Fest an. Schaut man ganz genau hin, so fällt auf, dass der junge Mann ungewöhnlich spitze Ohren hat. Solche Ohren sind Merkmale des Satyrn, eines mythischen Wesens, das wie der Silen zum Gefolge des Dionysos gehört.

Wildwachsende Rosen wurden von Händlern auf dem Markt verkauft und dann von den Frauen zu Hause weiterverarbeitet, indem man sie entweder allein oder gemeinsam mit anderen Blüten in Girlanden und Kränze band. In Athen war sogar ein besonderer Bereich auf dem Markt allein für den Verkauf von Kranzblumen reserviert. Das ganze Jahr über konnte man dort fertige Produkte für den sofortigen Gebrauch kaufen. Für die Verwendung von Rosen als Schnittblumen für die Vase gibt es hingegen keinen archäologischen Beleg. Ebenso gab es vermutlich zumindest bis in das 3. Jahrhundert v. Chr. auch keine privaten Ziergärten, die in der Enge der Stadt keinen Platz gefunden hätten. Erste echte Ziergärten, in denen auch Rosen allein zum Entzücken des Besitzers gepflanzt wurden, kennen wir erst aus der hellenistischen Zeit – der Zeit des späten 4. bis zum 1. Jahrhundert v. Chr. – von luxuriösen Landhäusern oder Villen vor den Toren der Städte. Seit jeher zierten jedoch Blumen die Gärten der Tempelbezirke. So gehörten üppig blühende

Weiße und cremefarbene Rosen wirken besonders edel.

Gärten, in denen Rosen gepflegt wurden, zu Aphrodites Heiligtümern in Kyrene, in Athen und auf der Insel Zypern.

Der Bedarf an Rosen und aus Rosen gewonnenen Produkten für religiöse Zeremonien und verschwenderische Feste wuchs im Verlauf der Jahrhunderte immer weiter. Der hellenistische ägyptische Herrscher Ptolemaios Philadelphos (308–246 v. Chr.) etwa schmückte sein Prachtzelt in Alexandria neben Myrte, Lorbeer und weißen Veilchen auch mit Rosen. Die Blumen für solche prunkvollen Anlässe wurden zu der Zeit bereits aus den großen, kommerziell betriebenen Gärten des Landes geliefert; hatte sich die ägyptische Wirtschaft doch zunehmend auf landwirtschaftliche Luxusprodukte für den Export spezialisiert. Rosen gehörten in der Welt der griechisch-römischen Antike rund ums Mittelmeer zu den wichtigsten angebauten Gewächsen. So ist es nicht weiter erstaunlich, dass griechische Siedler ihre Rosenzüchtungen auch nach Italien brachten.

Rosen in Rom Wie die in Kultur und Kunst vorbildhaften Griechen, so schmückten auch die Römer Tempel und Götterstatuen mit Rosen. Sie brachten die Blüten den Göttern als Opfer dar, besänftigten mit den duftenden Schönheiten die Totengeister und schmückten die Gräber ihrer Lieben damit. Tatsächlich feierte man in Rom zu Ehren der Toten sogar ein spezielles Rosenfest, die Rosalia, das zur Zeit der Rosenblüte im Mai oder Juni stattfand, wie wir aus Inschriften wissen.

Doch pflegten sie die Königin der Blumen auch in privaten Hausgärten in der Stadt oder auf ihren luxuriösen Landgütern. In der großzügig angelegten Villa der Kaiserin Livia, Gemahlin des Augustus, in dem kleinen Städtchen Prima Porta bei Rom lassen sich heute noch wunderschön erhaltene Wandmalereien bewundern. Sie vermitteln einen Eindruck von der Pracht römischer Ziergärten und der dort gepflegten Gewächse. Im sogenannten «Gartenzimmer» der Kaiserin leuchten die üppig rosarot oder weiß blühenden Rosensträucher vor dem sattgrünen Hintergrund auf. Solche Darstellungen von Gärten auf Zimmerwänden sind in der römischen Malerei häufig anzutreffen. Die perspektivisch geschickt gestalteten Wandbilder vergrößerten optisch die meist sehr engen

und dunklen Räume. Manche Besitzer dürften sich damit über fehlende oder zu kleine Gärten hinweggetröstet haben. Kaiserin Livias gemalter Garten war hingegen vermutlich vor allem ein Ort, an dem man sich an kalten grauen Wintertagen zurück in den warmen Frühling mit Blumenduft und Vogelgezwitscher träumen konnte, wenn der echte Garten vor der Tür leer und trostlos erschien. Die Rosensträucher in Livias gemaltem Garten mit einfachen Blüten wurden als Gallicarosen identifiziert, die gefüllten Blüten warten noch auf ihre endgültige Benennung.

Die Bewohner der römischen Welt benötigten gewaltige Mengen an frischen Rosen und Rosenblättern für religiöse Zeremonien, für öffentliche Veranstaltungen und für luxuriöse private Feste. Wohnungen wurden mit frischen, in Körben arrangierten Rosen geschmückt, Rosenblätter und Rosenprodukte dienten als Lebensmittel oder als Medizin. Rosen waren unverzichtbar und geradezu allgegenwärtig. Kritische Geister wie der in der zweiten Hälfte des 1. Jahrhunderts v. Chr. lebende römische Dichter Horaz wurden zwar nicht müde, gegen den zunehmenden Rosenluxus auf Kosten der Anbauflächen für Getreide zu protestieren, geholfen hat es jedoch wenig. Niemand wollte auf die schönen Blumen verzichten, die auch ein begehrtes Statussymbol der Wohlhabenden und Mächtigen waren.

Über die Rosenkultur im alten Rom informiert uns ausführlich der Historiker und Naturforscher Plinius der Ältere, der beim Ausbruch des Vesuvs 79 n. Chr. ums Leben kam. Im 21. Buch seiner «Naturalis historia» beschreibt er, wie Rosen damals gewerbsmäßig auf großen Feldern angebaut wurden, um die Versorgung mit Kränzen, Girlanden und losen Rosenblättern in Rom zu gewährleisten. Ein Zentrum der damaligen römischen Rosenkultur war Praeneste, das heutige Palestrina, eine kleine Stadt südöstlich von Rom. Ein weiteres Anbaugebiet lag in Campanien zwischen Cumae und Capua. Am berühmtesten war jedoch das am Golf von Salerno gelegene Paestum, dessen dort gepflegte Rosen es zu besonderem Ruhm brachten. So spricht Ovid im 15. Buch der «Metamorphosen» von «Paestum, dem linden, von Rosen umhegten». Unter den wohlhabenden Römern war es zeitweilig sogar Mode, zur Rosenblüte nach Paestum zu reisen. Der Dichter Vergil (70–19 v. Chr.) hebt in

Die Blüten der Edelrosen sind besonders elegant geformt.

seinem 4. Buch über den Landbau, der «Georgica», die Paestumer Rosen besonders hervor, weil sie zweimal im Jahr zur Blüte gebracht werden konnten.

Wie die Griechen flochten die Römer Rosen in Kränze, die den Gewinnern als Auszeichnung bei Siegesfeiern, Wettkämpfen und Spielen überreicht wurden. Kränze, Girlanden oder einzelne Blätter und Blüten wurden zudem für alle möglichen Zeremonien und Feste gebraucht. Der verschwendungssüchtige Rosenluxus der römischen Kaiserfamilien und ihrer Freunde ist bis heute legendär. So sollen bei einem Gastmahl eines Freundes von Kaiser Nero vier Millionen Sesterzen allein für Rosenschmuck aufgewendet worden sein. Berühmt-berüchtigt ist auch der Verlauf, den ein Fest des Kaisers Marcus Aurelius Antonius, besser bekannt unter dem Namen Heliogabalus, nahm, der nur kurz von 218–222 n. Chr. regierte. Der Legende nach sollen die betrunkenen Gäste des Kaisers unter den Massen von Rosenblättern, die er über ihnen ausschütten ließ, erstickt sein. Der in England ansässige Maler Lawrence Alma-Tadema hat gegen Ende des 19. Jahrhunderts die schaurig-schöne Episode aus dem Leben des dekadenten Herrschers auf seinem Bild effektvoll in Szene gesetzt.

Der rosenverliebte Kaiser Heliogabalus soll auch mit Rosen und Rauschmitteln versetzten Wein als Aperitif für seine Feste geschätzt haben. Hier eine ungefähre Variation des «Vinum rosatum», wie die Römer das Getränk nannten:

Eine Handvoll frischer Rosenblüten wird eine Woche in Wein eingeweicht. Danach werden die Rosenblüten entfernt und durch neue ersetzt. Dies wiederholt man, bis der Wein vier Wochen durchgezogen ist. Den Wein filtern, mit Honig süßen und kalt servieren.

Rosen wurden in der römischen Welt als Gewürz geschätzt und vielen Feinschmeckergerichten der damaligen Zeit zugesetzt. So gibt es etwa Rezepte für eingemachte Rosen. Aus dem berühmten «Kochbuch des Apicius» hat sich das Rezept für folgendes Rosengericht erhalten:

Rosenblütenblätter werden im Mörser zermahlen, man gibt Fischbrühe hinzu und schlägt das Ganze durch ein Sieb.
Der entstandene Saft wurde zu Hirn und Eiern gereicht.

Römische Rosen

Welche Rosen hat man nun im alten Rom gepflegt? In Plinius' «Naturalis historia» gibt es auch auf diese Frage eine Antwort. Der Autor hat einen kleinen Rosenkatalog angelegt, der uns viel über die Qualitätsmerkmale der Rosen im antiken Rom erzählt und verdeutlicht, wie sehr sich unsere modernen Beurteilungskriterien von denen der antiken Völker unterscheiden. Ganz wichtig ist für Plinius der Duft der Rosen. Er ist das Merkmal, das über die Qualität und Güte der Pflanze entscheidet, während er der Farbe wesentlich weniger Bedeutung beimisst, als wir das heute tun würden. Des Weiteren unterscheidet der Autor – wie vor ihm bereits Theophrastos – Rosen nach der Anzahl der Blütenblätter, die zwischen fünf und bis zu hundert variieren kann, und nach ihrer rauen oder glatten Oberfläche. Eine systematische Gliederung der Pflanzenwelt in Familien, Gattungen, Arten und Zuchtformen kannte Plinius ja noch nicht. So hat er in seiner Aufzählung auch Arten wie die Malve zu den Rosen gezählt, weil Farbe, Form, Duft und Verwendung als Kranzblume denen der echten Rosen ähneln.

Plinius beginnt seine Aufzählung mit einer in Italien heimischen wilden Rose mit lieblichem, aber schwachem Geruch. Er berichtet, dass sie für Kränze kaum genutzt wurde, wohl aber als Rohstoff für das Rosenöl, für heilkräftige Salben und als Leckerbissen für die Tafel. In seiner Aufzählung folgen darauf verschiedene Züchtungen: Die «Rose von Praeneste» beschreibt er als besonders spät blühende römische Gartenrose. Gemeint hat Plinius nach Einschätzung der Historiker wohl eine Gallicaform. Die ebenfalls duftende römische «Rose von Kampanien» soll früh geblüht haben, dahinter dürfte sich wohl die weiße Rosa x alba verstecken. Von der Rose aus dem griechischen Milet weiß Plinius, dass sie höchstens zwölf Blütenblätter zählt, von feuriger – demnach roter Farbe – ist und spät blüht. Botaniker vermuteten auch hier Rosa gallica. Als weniger rot, also vielleicht rosafarben, schildert Plinius die «Rose von Trachnis» (ein Ort in Kleinasien am Schwarzen Meer). Möglicherweise handelt es sich hierbei um eine Form der Rosa x damascena. Weißliche Blüten hatte die «Rose von Alabanda», hinter der sich vielleicht die wildwachsende Weinrose Rosa rubiginosa verbirgt, die für Plinius jedoch von geringerem Wert als die zuvor besprochenen Gewächse war. Als die

Lawrence Alma-Tadema,
Die Rosen des Heliogabalus (1888),
Ausschnitt, Privatsammlung

FOLGENDE DOPPELSEITE
Besonders die Wildrosen bilden große, leuchtend rote Hagebutten.

Gewellte Blütenblätter wirken nostalgisch und bringen Abwechslung ins Rosenbeet.

am wenigsten wertvolle Art nennt Plinius eine dornige Rose mit sehr vielen und sehr kleinen Blättern, bei der es sich um Rosa pimpinellifolia, die Bibernell- oder Dünenrose handeln könnte. Eine hundertblättrige Rose mit zahlreichen kleinen Blütenblättern, die in Kampanien und im griechischen Philippi gezogen wurde, kennt der Autor ebenfalls. Er beschreibt sie als nicht sehr wohlriechend, weswegen sie auch nicht in die Kränze geflochten wurde. Hingegen hat die Rose aus Kyrene im heutigen Libyen – dem Ort, an dem auch die Göttin Venus in einem Heiligtum verehrt wurde – den besten Geruch; daher stammte von dort auch die schönste Salbe. Sie soll in Karthago und Spanien den ganzen Winter hindurch geblüht haben. Vielleicht ist eine Form der Moschusrose, Rosa moschata, gemeint. Schließlich nennt der Autor noch die Rose des Herbstes «Coroniola» mit mittelgroßen Blüten, deren Blüten für Kränze verwendet wurden. Die immergrüne Rosa sempervirens mag mit dieser Beschreibung gemeint sein.

Es ist auffällig, wie sorgfältig Plinius die Blütezeit der einzelnen Gewächse vermerkt. Die Römer kannten ja noch keine mehrfach blühenden Rosen. Tatsächlich ist die Blütezeit der wilden Arten und frühen Züchtungen nur sehr kurz und liegt meist im Frühling und Frühsommer. Um das ganze Jahr hindurch den Bedarf an frischen Rosen zu decken, waren die Menschen der römischen Welt verstärkt auf zu unterschiedlichen Zeiten blühende Sträucher angewiesen. Gewährleistet wurde dies durch die Kunst der Gärtner, aber auch durch die Eigenschaften der verschiedenen Züchtungen. Die zweifach blühenden Rosen aus Paestum müssen schon in dieser Hinsicht etwas ganz Besonderes gewesen sein, weil sie eine doppelte Ernte zu verschiedenen Zeitpunkten versprachen. Plinius empfiehlt in seinem Buch, für eine vorzeitige Blüte den Rosenstock mit warmem Wasser zu begießen, wenn die Knospen zu sprießen beginnen.

In der Literatur zur Geschichte der Rose wird gerne über die Nutzung von Treibhäusern in der römischen Gartenkultur spekuliert. Tatsächlich sind einfache Formen des Treibhauses in der Art eines Frühbeetes bereits für das kaiserzeitliche Rom belegt. So beschreiben römische Autoren wie Plinius kleine bewegliche Beete auf Rädern, die mit einer durchsichtigen Abdeckung aus Marienglas – einer durchsichtigen Gipsart – bedeckt wurden. Diese Beete konnten tagsüber in die Sonne gerollt und abends oder bei schlechtem Wetter in einen geschützten Unterstand gezogen werden. Soweit wir wissen, dienten diese fahrbaren Beete aber ausschließlich der Anzucht von Gurken, der Lieblingsspeise des Kaisers Tiberius, der auch im Winter auf dieses Gemüse nicht verzichten wollte. Der römische Dichter Martial erwähnt jedoch in seinen Epigrammen vor der winterlichen Kälte mit Glasscheiben geschützte Obstpflanzungen und Weinstöcke, leider ohne näher auf die Konstruktion einzugehen. Tatsächlich ist der Gebrauch von Fensterglas in Pompeji und in den nördlichen Provinzen archäologisch nachgewiesen. Doch für regelrechte vollverglaste Gewächshäuser im modernen Sinn gibt es keinen archäologischen oder quellentextlichen Beleg. Rosentreiberei unter Glas ist für die römische Zeit nicht gesichert.

Eine näher liegende Möglichkeit, während der kalten Jahreszeit an die begehrten frischen Rosenblüten zu kommen, war der Import aus klimatisch günstigeren Gegenden, aus Spanien oder Nordafrika, aus Karthago oder Kyrene. Besonders aus dem seit 30 v. Chr. römisch besetzten Ägypten wurden im Winter große Mengen von Rosen exportiert.

Ägyptische Rosen Sechs Tage brauchten die mit Rosen beladenen Frachtschiffe vom ägyptischen Alexandria bis nach Rom. Auf welche Weise die gepflückten Rosen frisch gehalten wurden, darüber kann man nur spekulieren. Auch in Ägypten wurden in hellenistischer und in römischer Zeit Rosen für die verschiedensten Anlässe benötigt. Die Rose diente etwa im Götterkult der Verehrung der Fruchtbarkeitsgöttin Isis. Ebenso wurden die schönen Blumen als Schmuck für Feste verwendet. So hatten die damaligen Rosenbauern und Händler einen regelrechten Großkampftag, als Königin Kleopatra 42 v. Chr. den römischen Feldherren Marcus Antonius für sich gewinnen wollte. Sie traf ihn der Überlieferung nach auf einer rosengeschmückten, goldenen Barkasse und trat ihm in Rosen gehüllt als Venus entgegen. Zusätzlich ließ sie Rosen in den Zimmern ihres Palastes und auf dem Gelände verstreuen. Sogar in den Zierteichen sollen Rosen geschwommen sein. Die legendäre Begegnung des berühmten Liebespaares hat Lawrence Alma-Tadema auf einem archäologisch ziemlich genauen und detailverliebten Bild bis hin zu Rosengirlanden und losen Blütenblättern festgehalten. So akkurat der Maler in den archäologischen Einzelheiten war, bei der Darstellung der Rosen nahm er es nicht so genau. Er malte vermutlich in der viktorianischen Zeit beliebte französische Rosensorten, um seine Vorstellung von der luxuriös-verruchten Verführerin in leuchtenden Farben umzusetzen.

Von den tatsächlichen ägyptischen Rosen wissen wir hingegen nicht sehr viel. Vermutlich brachten griechische Siedler die ersten Rosen nach Ägypten. Für den Export wurden wohl bewährte Sorten gezüchtet, die mit den Standortbedingungen zurechtkamen. Das milde Klima erlaubte es ja, wie Plinius berichtet, dass Rosen dort sogar früher blühten als anderswo. Zumindest eine in Ägypten gepflegte Rosenart können wir jedoch heute mit Sicherheit bestimmen. Denn die von der griechisch-römischen Kultur beeinflussten Ägypter gaben in dieser Zeit ihren Verstorbenen Rosen mit ins Grab. Das Londoner British Museum hütet die Mumie eines um 230–250 n. Chr. verstorbenen Jungen, eine große Kostbarkeit, die uns etwas von dem Gebrauch von Rosen bei Beerdigungen im Ägypten dieser Epoche erzählt. Die kleine Mumie hatte man in ein reich bemaltes Grabtuch gehüllt, das im charakteristischen griechisch-römischen Stil das ganzfigurige Porträt des Verstorbenen wiedergibt. Auf dem Kopf des Porträtierten ist ein Kranz aus rosa-weißen Rosenblüten zu erkennen. Wir können vermuten, dass ein letztes Geschenk, eine letzte Ehrung und vielleicht der Wunsch, dem Kind den Übergang in die andere Welt zu erleichtern, mit dieser Darstellung verbunden wurde. Die Rosenart lässt sich aufgrund der skizzenhaften Malweise leider nicht bestimmen. Doch legten Archäologen 1888 in dem Wüstenort Hawara nahe der Oase Fayoum in Unterägypten eine Reihe von Gräbern frei, die um 170 n. Chr. entstanden. Zu den Grabbeigaben gehörte eine kleine botanische Sensation: Den Verstorbenen hatte man Kränze aus Rosenblüten mitgegeben, die in der trockenen Wüstenhitze die Jahrhunderte hervorragend überdauert hatten. Die Farbe der uralten Blüten war zwar verloren gegangen, ihre Gestalt hatten sie aber unter den günstigen Bedingungen behalten, sodass man den Botanikern Blütenproben zur Bestimmung vorlegen konnte. Die untersuchten Blüten weisen eine große Ähnlichkeit

mit der in Äthiopien und Ägypten kultivierten Rosa richardii auf, einer hübschen, blassrosa blühenden Art, die in England als Rosa sancta und bei uns als «äthiopische Rose» bezeichnet wird. In den Archiven der Londoner Kew Gardens und im British Museum kann man die jahrhundertealten Rosenkränze heute noch bestaunen.

Mit dem Untergang des römischen Reiches 476 n. Chr. wurde es erst einmal still um die Rosen. In christlichen Klöstern und einigen Gärten wurden die schönen Gewächse weiter gepflegt, jedoch vermutlich weniger wegen der Symbolik, ihrer Verbindung zu den heidnischen Göttern, ihrer prächtigen Blüten und ihres verschwenderischen Dufts, sondern wegen der Arzneien, die man aus Hagebutten und Blüten herstellen konnte.

Rosen für Maria
Mittelalterliche Rosenbilder

Im Kloster Über den Gebrauch von Rosen in der Zeit zwischen dem Ende der Antike und dem Beginn des Mittelalters in Mitteleuropa wissen wir nicht sehr viel. Diese Epoche des Übergangs bezeichnen Historiker als «Dark Ages», als dunkles Zeitalter. Der Begriff umschreibt eine Zeit großen gesellschaftlichen Umbruchs, die von Unruhen, Kriegen und Völkerwanderungen geprägt war. Vieles von der ehemals hoch geschätzten antiken Kultur ging damals für immer verloren. Fest steht jedoch, dass den frühen Christen der Rosenstrauch, der mit heidnischen Göttern, mit sinnlicher Liebe und ausschweifenden Festen in Verbindung gebracht wurde, zunächst nicht ganz geheuer war. Nachdem die Bedeutung der Rosen im Verlauf der Jahrhunderte jedoch ganz neu definiert wurde, wurden sie als traditionsreiches Gewächs mit großer Symbolwirkung weiterhin geschätzt. Zu verdanken ist die fortdauernde Rosenkultur vor allem den Mönchen und Nonnen, die damals in ganz Europa ihre Klöster gründeten. Sie verbreiteten die christliche Lehre, waren aber auch die Hüter antiken Wissens und nicht zuletzt der Gartenkultur. So stiftete etwa die fränkische Königin und spätere Heilige Radegund um 550 n. Chr. im französischen Poitiers ein Nonnenkloster. Dort soll sie ausgewählte Gäste nach alter römischer Art empfangen haben, indem sie den Esstisch und die Wände mit Rosen und Rosengirlanden dekorierte. Angehörige des Benediktinerordens brachten die ersten Gartenrosen aus Italien, wo das Stammkloster aller benediktinischen Gründungen lag, zunächst nach England. Von dort verbreiteten Missionare die Rosen auch auf den Kontinent. In Deutschland lassen sich Gartenrosen erstmals sicher zur Zeit Karls des Großen im 9. Jahrhundert nachweisen. Sie sind in dem berühmten «Capitulare de villis», der Landgüterverordnung Karls, aufgelistet, in dem alle Gewächse erwähnt werden, die der Kaiser auf seinen Ländereien anzubauen wünschte. Rosen werden dort gleich zu Anfang genannt. Aus der gleichen Zeit hat sich der berühmte Grundriss des Klosters von St. Gallen erhalten. Er gilt heute meist als idealtypischer Plan eines Benediktinerklosters und seiner Anlagen. Ob er je bis in alle Einzelheiten verwirklicht wurde, ist nicht bekannt. Sein Vorschlag zur Gestaltung von Kloster- und anderen Gärten sollte das ganze Mittelalter hindurch maßgebend bleiben. Die Rosen sind auf diesem Plan östlich der Kirche am rechten Rand des Plans im Kräutergarten untergebracht. Das Rosenbeet bildet gemeinsam mit den Lilien zugleich die südliche Einfassung des Gärtchens, gefolgt von Heilkräutern, Gewürz- und Gemüsepflanzen wie Saubohne, Bohnenkraut oder Frauenminze. Die jeweils nur mit einer Art bepflanzten Beete müssen wir uns sehr wahrscheinlich leicht erhöht, von Brettern gestützt und durch großzügig angelegte Wege voneinander getrennt vorstellen.

Ebenfalls aus der karolingischen Epoche stammt das berühmte Lehrgedicht über den Garten des Benediktinerklosters auf der Insel Reichenau, verfasst von Walahfrid Strabo, dem Abt der Gemeinschaft. Der als «Hortulus» (Gärtchen) bekannte Text bezeugt, wie wichtig den damaligen Ordensleuten der Kräutergarten war. Er erzählt vieles über die Gestaltung und Anlage der Beete, die Auswahl der Pflanzen und geht auch detailliert auf Pflege und Gartenarbeit ein. In Walahfrieds Gedicht schließt das Rosenkapitel die Liste der Pflanzen für den Garten ab. Der Abt schwärmt von der schönen Farbe der roten Rose, die es mit dem antiken Purpur aufnehmen kann, und bewundert die Rose als «Blume der Blumen». Besonders hebt der pflanzenkundige Walahfried den Duft hervor und lobt das aus den Blüten gewonnene Rosenöl als «Segen und Nutzen der Sterblichen».

Alle diese Dokumente bezeugen die besondere Bedeutung, die Rosen für die Menschen des frühen Mittelalters hatten. Dabei geht es weder im «Capitulare» noch im St. Galler Klosterplan oder Abt Walahfrieds Gedicht um Rosen in Ziergärten, also um Gärten, in denen Rosensträucher zum Vergnügen ihrer Besitzer angepflanzt wurden. Die kaiserlichen Güter waren wie die Klostergärten und die Gärten der Bauern für sehr lange Zeit Anlagen, die der Selbstversorgung mit den notwendigen Nahrungsmitteln, Gewürzen und Arzneien dienten. Auch die Rosen wurden zuallererst aus diesem Grund angepflanzt. Dennoch schienen selbst die strengsten Landgüterverwalter, Mönche und Nonnen sich der besonderen Faszination, die von den Rosen ausging, nicht entziehen zu können. So werden in Kaiser Karls Landgüterverordnung die Rosen ganz zu Beginn der Pflanzliste in der Mehrzahl genannt, was wohl bedeutet, dass die Anpflanzung verschiedener Sorten oder Arten gewünscht war. Nicht zufällig bilden die Rosen im St. Galler Kräutergarten wohl die auch nach außen sichtbare Garteneinfassung. Walahfrid Strabo gibt der Rose zudem einen wichtigen Platz in der christlichen Symbolwelt. Er hebt die Nähe zu den Märtyrern hervor, deren Blut und Schmerzen die stachelige rote Rose symbolisiert. Später wird die Rose zum Symbol verschiedener christlicher Heiliger. So erzählt etwa eine Legende vom Rosenwunder der heiligen Elisabeth von Thüringen. Statt der Brote für die Armen konnte die mildtätige Fürstin Elisabeth ihrem Gemahl Rosen vorweisen, die sie in einer Notlüge genannt hatte, und so unbehelligt die Gaben zu den Hungernden brin-

gen. Eine andere Geschichte berichtet von der heiligen Dorothea, die zur Zeit Kaiser Diokletians das Martyrium erlitt. Freudig erklärte sie vor ihrem Tod, dass sie nun bald das himmlische Paradies mit den blühenden Rosen schauen werde. Ihr Peiniger forderte sie spöttisch auf, sie möge ihm doch einige dieser Rosen aus dem Jenseits schicken. Am Morgen nach Dorotheas Tod klopfte es an dessen Tür. Draußen stand ein Knabe und reichte dem Erschauernden ein Körbchen mit herrlich duftenden Rosen: Christus selbst war mit dem Beweis erschienen.

Rosen und Rezepte Bei den im «Capitulare de villis», im Klosterplan und im «Hortulus» aufgeführten «Rosae» handelt es sich sehr wahrscheinlich in erster Linie um die Rosa gallica, die rotblühende Essigrose, die bereits Griechen und Römern bekannt war. Vielleicht pflegte man auch davon abgeleitete Züchtungen. So ist unter Kennern heute etwa die uralte, rot-weiß gestreifte Sorte Rosa gallica versicolor oder «Rosa mundi» sehr begehrt. Sie wurde 1583 erstmals von dem Botaniker Carolus Clusius beschrieben, dürfte aber schon damals sehr viel länger in Kultur gewesen sein. Die rot blühende, halb gefüllte und betörend duftende Rosa gallica officinalis, die Apothekerrose, ist seit etwa 1300 nachgewiesen. Sie wurde in großen Mengen im französischen Provins angebaut. Deshalb wird sie manchmal auch als Provins-Rose oder Rosa provincialis bezeichnet. «Apothekerrose» heißt sie, weil bis in das 18. Jahrhundert hinein aus ihren Blüten Arzneien hergestellt wurden.

Die Anwendungsmöglichkeiten für Rosenprodukte im Mittelalter waren außerordentlich vielfältig. Die heilkundige Äbtissin Hildegard von Bingen etwa empfahl im 12. Jahrhundert aus Rosen gewonnene Arzneien bei Augenleiden, Jähzorn, Krämpfen und Lähmungen. Später wurden Rosen sogar gegen die Pest eingesetzt. Aus Rosenblüten und Hagebutten stellte man Tees, Pulver, gekochtes und destilliertes Öl, Rosenwasser, Rosenessig (daher stammt auch der Name Essigrose), Rosenzucker und -honig, Tinkturen, Salben, Marmeladen und sogar Pudding her. Es haben sich auch Anleitungen zum Konservieren von Rosenblüten erhalten, die man in der rosenlosen Zeit als Schmuck an die Kleider heften konnte oder als Tischdekoration verwendete. Leider kennen wir keine

Rosen zaubern romantisches Flair in jeden Garten.

FOLGENDE DOPPELSEITE
Stark gefüllte Blüten erfreuen sich ungebrochener Beliebtheit.

Rosen, Kreutterbuch, Hieronymus Bock (1577), Stuttgart, Württembergische Landesbibliothek

Kochrezepte aus dem frühen und hohen Mittelalter bis ins 13. Jahrhundert. Rezepte wurden meist mündlich weitergegeben, weil viele Köche ohnehin nicht lesen konnten und das Pergament als Schreibmaterial sehr teuer war. Immerhin wissen wir, dass Mitte des 9. Jahrhunderts im Benediktinerkloster von Tours jenes berühmte «Kochbuch des Apicius» abgeschrieben wurde, aus dessen Fundus auch das Rezept zu der raffinierten Rosensoße aus dem vorherigen Kapitel stammt. Dieses Kochbuch prägte die mittelalterliche Küche für eine sehr lange Zeit. Ob wohl auch Apicius' Rosenrezepte weitergereicht wurden? Ab dem 14. Jahrhundert kennen wir jedenfalls handgeschriebene Rezeptsammlungen aus großbürgerlichen und höfischen Haushalten mit speziellen Zubereitungen für Rosen. So war am Hof des englischen Königs Richard II., der in der zweiten Hälfte des 14. Jahrhunderts regierte, ein Puddingrezept sehr beliebt, das hier in einer für den heutigen Gebrauch bestimmten Abwandlung wiedergegeben wird:

Die Blütenblätter von einer voll erblühten, duftenden weißen Rose abzupfen und für 2 Minuten in kochendem Wasser blanchieren, danach zwischen einigen Lagen saugfähigen Küchenpapiers pressen, bis sie trocken sind. 4 EL Reis- oder Maismehl mit 275 ml Milch vermischen, die Flüssigkeit erhitzen, bis sie anfängt einzudicken. Dann die eingedickte Mehl-Milchmasse gründlich in einem Mixer mit 50 g Zucker, 3/4 TL Zimt, einem 3/4 TL Ingwer und den Rosenblüten verrühren. 575 ml Sahne und eine Prise Salz hinzufügen. Die Masse zurück in einen schweren Topf geben und erhitzen, ohne sie zu kochen, bis sie die Konsistenz leicht geschlagener Sahne erhält. 10 Datteln und 1 EL Pinienkerne backen, etwas davon zur Seite legen und den Rest gründlich einrühren. Die Masse in eine dekorative Schale füllen und abkühlen lassen. Um Haut zu vermeiden, gelegentlich umrühren, danach kühl stellen. Kurz vor dem Servieren mit den restlichen Datteln und Pinienkernen bestreuen.

Aus ästhetischen Gründen empfiehlt sich bei diesem Rezept die Verwendung von weißen oder zumindest sehr hellen Rosen. Die Köche an Richards Hof haben vermutlich Formen der Rosa x alba für den festlichen Rosenpudding verwendet. Die fünfblättrige Rosa x alba ist eine Naturhybride, zu deren Eltern wohl auch Rosa gallica gehört. Ihre Sorten blühen weiß oder blassrosa und duften wunderbar. Sie gehören neben den Gallicaformen zu den am längsten in mitteleuropäischen Gärten kulti-

Rosen und Lilien sind seit jeher Symbole Mariens.

vierten Rosen. Zwei alte Sorten, die halbgefüllte Rosa x alba semiplena und die gefüllte Rosa x alba maxima «suavolens» gehören mit Sicherheit zu den frühesten im Garten gezogenen Kulturrosen und dürften bereits in den Gärten von Griechen und Römern gestanden haben. Die prächtig gefüllte, blassrosa blühende Albasorte «Great Maiden's Blush» ähnelt den hellen Rosenblüten, die die Geburt der Venus auf Botticellis Bild im vorherigen Kapitel begleiten. Sie wird heute wieder in Spezialgärtnereien angeboten und ist ungefähr seit 1500 in Gärten nachzuweisen.

Formen der weißen Gartenrose sind auf vielen alten Bildern zu entdecken, so auch auf einer ganz besonderen Kostbarkeit, die heute in der Londoner National Gallery gehütet wird. Das berühmte «Wilton-Diptychon» (als Diptychon bezeichnet man ein zweiteiliges, wie ein Buch aufklappbares Bild) mit dem Porträt des englischen Königs Richard II. diente dem Herrscher als Gebetshilfe und sehr persönliches Altarbild auf seinen Reisen. Auf der einen Seite des Diptychons sehen wir den knienden Richard in Begleitung von drei Heiligen. Richard darf einen Blick auf die andere Hälfte des Bildes werfen, das die Jungfrau Maria mit dem Jesuskind, umgeben von vielen Engeln zeigt. Für uns besonders interessant sind die Rosenkränze der Engel. Sie erinnern daran, dass Blumenkronen als Ehrenkranz und Siegeszeichen von Märtyrern, Heiligen und Engeln zu den ältesten Traditionen der Kirche gehören. Die prächtigen blassrosa Rosenblüten auf dem Rasen zu Füßen Mariens ehren die Muttergottes und symbolisieren ihre reine, selbstlose Liebe und Gottesfurcht.

In vielen alten Texten und Bildern wird Maria mit einer Rose verglichen oder als Rose ohne Dornen beschrieben. Rosen stehen aber auch stellvertretend für das himmlische Paradies, so wie es sich die heilige Dorothea vorgestellt hat. Deshalb wird im gesamten Mittelalter das himmlische Paradies häufig als Garten dargestellt und beschrieben. Auf dem «Wilton-Diptychon» werden Paradies und irdische Welt einander gegenübergestellt. Ebenfalls eine himmlische Szene ist auf einer Seite im Gebetbuch des flämischen Adeligen Engelbert von Nassau zu bewundern. Der sogenannte «Meister der Maria von Burgund», dessen tatsächlichen Namen wir nicht kennen, hat dieses Schmuckstück mittelalterlicher Buchmalerei in der zweiten Hälfte des 15. Jahrhunderts geschaffen. Aufbewahrt wird das erstaunliche kleine Büchlein heute in der Bodleian Library in Oxford. Im Zentrum der Seite ist die kniende Maria im blauen Mantel zu sehen, die von Gottvater zur Königin des Himmels gekrönt wird. Heerscharen von Engeln begleiten die Szene. Auf dem mit Blattgold ausgekleideten Bildrand sind rote und weiße Rosenblüten dargestellt – Formen von Rosa gallica und Rosa x alba. Die roten Rosen stehen auf diesem Blatt stellvertretend für die Leiden Mariens und die Passion ihres Sohnes. Die weißen Exemplare symbolisieren Mariens Anmut, Reinheit, Güte, aber auch das klaglos erduldete Leid und ihre Erhöhung zur Königin des Himmels.

Mariengärten Die Rose war das ganze Mittelalter hindurch Bild und Symbol für die Tugenden der Gottesmutter. Viele mittelalterliche Autoren verglichen Maria jedoch nicht nur mit der Rose im Garten, sondern auch mit dem Garten selbst. Dieser besondere Garten der Maria wurde als «hortus conclusus», als verschlossener Garten, bezeichnet. Ein Begriff, den man dem Hohelied der Bibel entnahm, das die mittelalterliche Bilderwelt entscheidend prägte. Die damaligen Künstler griffen die in der Bibel verwendeten Bilder vom verschlossenen Garten, vom betörenden Duft und den zauberhaften Gewächsen des Gartens in zahllosen Gedichten, Liedern und prächtigen Gemälden zu Ehren der Gottesmutter auf.
Dies zeigt sich auch auf dem Bild von der «Madonna in den Erdbeeren», das der sogenannte «Meister des Paradiesgärtleins» schuf. Maria sitzt mit ihrem Sohn in einem blühenden Garten auf einer Rasenbank, mit Rosensträuchern und blühenden und fruchttragenden Erdbeeren bepflanzt. In der einen Hand hält sie ein Buch, in der anderen eine weiße Rosenblüte, die sie ihrem niedlichen Sohn reicht. Der blaue Mantel und die Krone kennzeichnen Maria als Königin des Himmels. Heiligenscheine von Mutter und Kind und der blattgoldene Hintergrund verweisen darauf, dass kein irdischer Garten gemeint ist. Auch Marias Platzierung auf der Rasenbank ist nicht ohne Hintersinn. Einerseits sitzt sie ihrem königlichen Rang gemäß erhöht, andererseits ist sie in direktem Kontakt mit der Erde und den Gewächsen, was ihre Demut hervorheben soll. Dieser besondere Bildtyp der auf dem

Boden lagernden Maria wird auch als «Madonna dell'humilità» – als demütige Madonna bezeichnet. Ebenso erläutert die ganz spezielle Pflanzenauswahl mit kleinen Erdbeeren, duftenden Maiglöckchen und Rosensträuchern Marias Vorzüge.
Dennoch hat sich der Maler viel Mühe gegeben, die Rosen naturgetreu darzustellen. Die genaue Schilderung der mit Holz verkleideten Rasenbank, des Rosenspaliers und der entspannt dasitzenden und lesenden Mutter lassen zudem vermuten, dass der Maler auch Eindrücke damals tatsächlich existierender Gärten in seinem Bild verarbeitete. Der Garten, den er im Sinn hatte, war jedoch kein Nutz- oder Klostergarten. Der Künstler hat einen in der Geschichte des mittelalterlichen Gartens recht jungen Gartentyp wiedergegeben, der im Unterschied zu den Nutzgärten der Klöster und Bauernhöfe tatsächlich als Ort der Erholung und des Vergnügens diente. Die ersten Ziergärten wurden wohl vor allem vom Adel genutzt. Ihr Platz war auf der Burg. Wie und auf welche Weise sich die Ziergärten entwickelten, ist nicht ganz klar. Sie dürften auf jeden Fall zunächst nur auf den großen Reichsburgen und an den Höfen der Territorialherren angelegt worden sein. Vielleicht war es ja tatsächlich die Burgherrin, die sich außerhalb der Kemenate – der Frauenwohnung – einen weiteren Ort wünschte, an dem sie sich bei gutem Wetter aufhalten konnte, um der Enge, Dunkelheit und der stickigen Luft der Burg zu entgehen, an dem sie ungestört die schönen Farben und den Duft der Rosen genießen konnte. Später wurden die Adelsburgen bequemer und großzügiger gestaltet. Auch auf kleineren Burgen legte man Gärten an. Die Bürger der neu gegründeten Städte schauten auf die Burggärten und versuchten, sie in kleinerem Maßstab nachzuahmen.
Aus den ersten Jahren des 16. Jahrhunderts hat sich das überaus kostbare «große Stundenbuch» der französischen Königin und Herzogin Anne von Bretagne erhalten, das heute als Schatz in der Pariser Bibliothèque Nationale gehütet wird. Auf der Kalenderseite für den Monat April ist ein solcher Rosenziergarten des Adels dargestellt. Einige Elemente aus dem Bild der «Madonna mit den Erdbeeren» sind wiederzuentdecken: etwa die Rosenhecke und die umlaufende Rasenbank oder das Bild der im Garten sitzenden Dame. Im Unterschied zu dem Madonnenbildnis hat der Buchmaler jedoch seine Dar-

Maria durch ein' Dornwald ging
Maria durch ein' Dornwald ging.
Kyrieleison!
Maria durch ein' Dornwald ging,
Der hatte in sieben Jahrn kein Laub getragen!
Jesus und Maria.

Was trug Maria unter ihrem Herzen?
Kyrieleison!
Ein kleines Kindlein ohne Schmerzen,
Das trug Maria unter ihrem Herzen!
Jesus und Maria.

Da hab'n die Dornen Rosen getragen.
Kyrieleison!
Als das Kindlein durch den Wald getragen,
Da haben die Dornen Rosen getragen!
Jesus und Maria.

Geistliches Volkslied

————————————
Meister des Paradiesgärtleins,
Madonna in den Erdbeeren
(um 1425), Ausschnitt, Solothurn,
Kunstmuseum

stellung um den Blick auf die Umgebung erweitert und den herrschaftlichen Kontext in Gestalt der Burg in sein Bild mit einbezogen. Sein Bild ist kein Andachtsbild, sondern eine ganz und gar weltliche Szene, die von den angenehmen Seiten des höfischen Lebens und den Vergnügungen im Rosengarten erzählt. So lagert die Königin von Frankreich auf dem gut gepflegten Blumenrasen in ihrem ummauerten Garten, der zur Burg gehört. Eine Hofdame pflückt Blüten von den üppig blühenden Rosenhecken, eine andere reicht ihr einen Korb mit roten und weißen Rosen, die Anne an einen Kranz steckt.

Die halbgefüllten weißen Rosen bilden einen schönen Kontrast zu den gelben Staubgefäßen.

Alberts Rosen Rosensträucher gehörten im späten Mittelalter, im 15. und 16. Jahrhundert zur Grundausstattung eines Ziergartens. Erste schriftliche Belege für diese Praxis haben wir bereits aus dem 13. Jahrhundert. Aus dieser Zeit hat sich nämlich eine Beschreibung erhalten, die uns über die Gestaltung und Bepflanzung eines mittelalterlichen Ziergartens bis in die Einzelheiten unterrichtet. Geschrieben wurde sie von dem Kölner Dominikanermönch, Theologen und Naturforscher Albertus Magnus (um 1193–1280). In den «Sieben Büchern über die Gewächse» hatte er das damalige Wissen über Pflanzen und Gärten zusammengestellt. Albert empfiehlt Rosen als Randbepflanzung für die Rasenfläche – vielleicht in der Art und Weise, wie es auf den Bildern mit der «Madonna in den Erdbeeren» und von Annes Garten dargestellt ist, in denen auf Spaliere gebundene Rosen den Garten nach hinten hin als Hecke abschirmen. Tatsächlich werden gerade Albarosen recht hoch. Die Triebe der damals bekannten Sorten brechen leicht, weswegen man sie mit Sicherheit an Spaliere band und vielleicht sogar auf Lauben zog oder an Mauern und alten Bäumen hochwachsen ließ. Gallicasorten wachsen hingegen kompakter. Auf mittelalterlichen Bildern sehen wir sie meist in Form dichter Rosenhecken und manchmal auch als freistehenden Strauch. Gelegentlich ließ man aber auch die roten Rosen über Spaliere und Lauben wachsen, wie es die «Madonna in den Erdbeeren», aber auch Stefan Lochners berühmtes Bild von der «Madonna im Rosenhag» zeigen. Albert kannte verschiedene Formen der Gallica- und Albarosen und hat sie sicherlich auch für seinen Garten ausgewählt. Er beschreibt in seinem Buch insgesamt fünf

verschiedene Rosenarten oder -sorten. Für die Geschichte der Rosen im Mittelalter ist dies eine bedeutsame Quelle, haben wir doch bis zum Erscheinen von Alberts Buch keine genauen Kenntnisse darüber, welche Rosen im Mittelalter tatsächlich kultiviert wurden. Zuvor wurden Rosen in Texten wie im Klosterplan oder im «Capitulare de villis» meist schlicht als «rosa» bezeichnet und manchmal noch zwischen Wild- und Gartenrosen unterschieden – eine Differenzierung, die Albert ebenfalls vornimmt. Die Vorzüge der Gartenrose liegen für Albert vor allem im besseren Duft und in der kräftigeren Farbe, seine beiden Hauptkriterien, wenn es gilt, geeignete Pflanzen für den Ziergarten auszuwählen. Er unterscheidet weiße und rote gefüllte Gartenrosen, die er beide als «rosa» bezeichnet. Fünfzig bis sechzig Blütenblätter zählt er bei der weißen Gartenrose, deren Stamm, so Albert, armdick werden kann.

Bei den Wildrosen hebt Albert hingegen die höhere medizinische Wirksamkeit hervor. Er beschreibt insgesamt drei Wildrosen. Die Wein- oder Apfelrose Rosa rubiginosa bezeichnet Albert als «bedegar». Ihre Blätter, so hat er beobachtet, verströmen besonders im Frühjahr einen Weingeruch. Ihre Blüten vergleicht er mit denen der Gartenrose und findet Ähnlichkeiten, wenn auch die Blüten der Weinrose kleiner ausfallen. Bei der «Rosa campestris», der Feldrose Rosa arvensis, zählt er nur fünf Blütenblätter. Rosa canina, die Hunds- oder Heckenrose, bezeichnet er als «Tribulus» (Fußangel) und als «Rosa silvestris», also wilde Rose. Sie ordnet er jedoch nicht den echten Rosen zu.

Bis ins 14. und 15. Jahrhundert hinein haben wir nur sehr wenige Zeugnisse, die uns etwas über das Aussehen der damals bekannten und gepflegten Rosensorten verraten können. Doch wächst am Hildesheimer Mariendom ein ganz besonderer Rosenstock, der nach einer frommen Legende tausend Jahre alt sein soll. Wenn der leider erst für das 15. Jahrhundert beurkundete Heckenrosenstrauch tatsächlich so alt ist wie behauptet, wäre er ein einzigartiger Beleg für das tatsächliche Aussehen mittelalterlicher Rosen. Vielleicht hätte Albert dann sogar die Möglichkeit gehabt, die Pflanze genauer zu betrachten und zu untersuchen. Denn er hat sich nachweislich in Hildesheim aufgehalten, wo er in der dortigen Niederlassung des Dominikanerordens unterrichtete.

Rosenbilder Die noch erhaltenen Abschriften von Alberts Buch über die Gewächse sind nur zum Teil mit Bildern ausgestattet, die alle sehr schematisch wirken und nur wenig über das tatsächliche Aussehen der Rosen mitteilen. Tatsächlich waren mittelalterliche Bücher über Pflanzen wie etwa Arznei- und Kräuterbücher, die sogenannten «Herbarien», gar nicht so häufig mit Bildern ausgestattet. Wenn es Bilder gab, wurden die besprochenen Gewächse lange Zeit meist nur sehr vereinfacht dargestellt, so auch in der ersten erhaltenen arabischen Abschrift des berühmten medizinischen Traktats des Dioskurides. Vergleicht man das spätantike Rosenbild aus dem «Wiener Dioskurides» mit der entsprechenden Seite aus der arabischen Version von 1083, werden die Unterschiede deutlich: Im Vergleich zur Rose im «Wiener Dioskurides», deren Blüten und Knospen in verschiedenen Ansichten und Zuständen gemalt sind, deren Blätter und Stängel sich überschneiden und sogar perspektivisch verkürzt wurden, betont der arabische Maler vor allem die Fläche. Er reduziert die Pflanze auf ganz wenige Grundformen und Farben. Ohne die Beschriftung wäre die Pflanze kaum als Rose zu erkennen.

Das Wissen über Pflanzen wurde im Mittelalter in der Regel mündlich weitergegeben. Die Menschen erwarben ihre Kenntnisse meist durch unmittelbare Anschauung. Auf Abbildungen in Büchern waren sie daher nicht angewiesen. Damals waren Pflanzenbücher üblich, die ganz ohne Bilder auskamen und die trotzdem für den praktischen Gebrauch bestimmt waren, wie etwa das «Capitulare de villis». Mittelalterliche Pflanzenabbildungen und die Illustrationen heutiger Bestimmungsbücher sind daher in ihrer Funktion nicht identisch. Wir nehmen heute ganz selbstverständlich bebilderte Bestimmungsbücher mit hinaus in die Natur, um Kräuter und Blumen zu identifizieren, oder wir vergleichen mitgebrachte Exemplare daheim mit Abbildungen in Nachschlagewerken. Im Mittelalter waren die Illustrationen wohl im besten Falle eine Gedächtnishilfe, bestimmt aber kein Ersatz für andere Quellen, Textbeschreibungen oder den Rat von Fachkundigen.

Doch auch in den anderen Bildgattungen lässt sich ein Unterschied zwischen dem stetig wachsenden naturwissenschaftlichen Interesse an den Erscheinungen der Pflanzenwelt und der Genauigkeit der bildlichen Darstellungen feststellen: Die wunderschönen und detailverliebten Bilder von der «Madonna in den Erdbeeren», von Königin Anne in ihrem Garten oder die Rosen in Engelbert von Nassaus Stundenbuch stammen allesamt aus dem 15. oder frühen 16. Jahrhundert. Bis ins 14. Jahrhundert hinein erscheinen Rosen hingegen – wenn sie überhaupt als solche zu erkennen sind – auch auf Altarbildern und Kirchenfenstern meist nur sehr schematisch. Eine Ausnahme machen allein die in Stein gemeißelten Skulpturen an Kirchen und Kathedralen. Dort wuchern etwa üppige Rosenblüten über die Kapitelle der Kathedrale von Reims und exakt dargestellte, gefüllt blühende Rosenranken schmücken die rechte Hälfte des um 1270 entstandenen Bogenfelds des Westportals der Marburger Elisabethenkirche.

Wie sehr unterscheiden sich jedoch diese Blüten von den Rosen in einer Abschrift des medizinischen Kräuterbuchs «Tacuinum sanitatis» aus dem frühen 15. Jahrhundert: Die heute in der Wiener Nationalbibliothek aufbewahrte Handschrift wird auch als «Hausbuch der Cerruti» bezeichnet, weil sie für die in Oberitalien ansässige Familie hergestellt wurde. Auf Blatt 38 der reich bebilderten Handschrift ist eine ganzseitige Darstellung eines mächtigen Rosenstrauches mit weißen und roten Blüten zu bewundern. Der unbekannte Maler greift auf das von Andachtsbildern damals schon vertraute Motiv der Dame im Rosengarten zurück. Damit betont er nicht zuletzt auch die vornehme Herkunft der Auftraggeber des Buches, ähnlich wie es auch der Maler im Stundenbuch der Anne von Bretagne praktiziert hat. Hier wie dort vertreiben sich Damen die Zeit mit dem Pflücken der Rosen und dem Herstellen von Kränzen. Das Gewächs im Zentrum des Bildes im «Hausbuch der Cerruti» ist zwar unschwer als Rosenstrauch zu erkennen, Stacheln und Blätter sind im Prinzip korrekt wiedergegeben, ebenso die goldgelbe Mitte der weißen Rosen und der Essigrosen. Doch fasst der Maler die beiden Arten vereinfachend in einem Strauch zusammen. Er interpretiert die Größenverhältnisse zwischen den Blüten am Strauch, den gepflückten Exemplaren und den menschlichen Figuren sehr frei. Zudem erscheinen die Blüten – abgesehen von ihrer unterschiedlichen Farbe – recht schematisch. Der Maler orientiert sich noch ganz nach mittelalterlicher Malpraxis an älteren Vorbildern. Für diesen Rosenstrauch gab es ganz gewiss kein lebendiges Modell.

Die ungefüllten Blüten wirken besonders durch ihre Zweifarbigkeit.

FOLGENDE DOPPELSEITE
Nach einem Regen sollten Rosen rasch trocknen können.

Der Zauber nostalgischer Rosen ist bis auf den heutigen Tag ungebrochen.

48

Doch mit der Wende zum 14. Jahrhundert begann man in den Malerateliers und Buchwerkstätten, die bisher gültigen Darstellungskonventionen der belebten Natur neu zu überdenken. So nahmen Buchmaler neue Impulse aus Süditalien auf, wo an der berühmten «scuola medica salernitana», der Medizinschule von Salerno südlich von Neapel, die angesehensten und berühmtesten Ärzte die Heilkunde unterrichteten. Grundlage für ihren Unterricht waren griechische und arabische Autoren und gelehrte Kommentare zu bekannten Texten. Vermutlich entstand dort zwischen 1280 und 1315 der «Tractatus de herbis», ein Herbarium, das zu einem der einflussreichsten Texte über Heilpflanzen im späten Mittelalter werden sollte und in dem auch eine Rose abgebildet ist. Das Buch gehört heute zu den Schätzen der British Library in London. Zum ersten Mal seit den Miniaturen im «Wiener Dioskurides» haben sich die unbekannten Maler in diesem Kräuterbuch die zu porträtierenden Pflanzen selbst wieder zum Vorbild genommen. Die auf Blatt 83 abgebildete Rose mag für uns heute etwas steif und flach wirken. Dem Maler kam es jedoch weniger darauf an, ein dreidimensionales Abbild in Licht und Schatten zu modellieren. Wichtiger war es für ihn, den besten Blick auf alle Teile der Pflanze zu ermöglichen. Die Darstellung erinnert an die gepressten Präparate einer botanischen Sammlung, für die man ja ebenfalls die Blätter, Früchte und Wurzeln der Pflanze nach optischen Gesichtspunkten auf der Fläche ausbreitet. Die genau gemalten gefiederten Blätter mit ihren fein strukturierten Adern verweisen ebenso auf die Orientierung an einer echten Rose wie die Darstellung der Knospen mit den sie umgebenden grünen Kelchblättern und die stacheligen Zweige. Die geöffneten Blüten mit unterschiedlicher Blattzahl und die gelben Staubfäden wirken hingegen recht schematisch. Trotz dieser kleinen Einschränkung ist das Bild von der Rose im Londoner «Tractatus de herbis» für die damalige Zeit erstaunlich innovativ. Selbst in der gleichzeitigen Wand- und Tafelmalerei finden wir keine vergleichbaren Bilder von Rosen.

Vermutlich gab es viele verschiedene Gründe für die Veränderung der Rosendarstellungen im Verlauf des 14. und 15. Jahrhunderts. Denn nicht nur in den medizinischen Handschriften oder Gebetbüchern ist ein Wandel hin zu zunehmend realistisch aufgefassten Pflanzendarstellungen zu beobachten, sondern auch auf Wand- und Altarbildern. Troubadoure und Minnesänger hatten Rosen ja schon seit langer Zeit besungen. Ihre Texte wurden in prächtig bemalten Büchern aufgeschrieben. Sie verglichen Rosen mit schönen Frauen oder lasen an ihnen den Wechsel der Jahreszeiten und die unaufhaltsam verrinnende Lebenszeit ab. In mittelalterlichen Romanen, allen voran im «Roman de la rose» – dem sogenannten «Rosenroman» – spielte die Rose als Symbol für die Natur, für die allumfassende Liebe, aber auch für die persönliche Liebe zu einer Frau oder als Stellvertreterin für das geliebte Wesen eine große Rolle. In all diesen Büchern wurden Rosen auch abgebildet – doch wurde lange Zeit wie in den Arzneibüchern nur wenig Wert auf eine naturalistische Darstellung gelegt.

Doch ungefähr seit der Zeit um 1400 begannen sich Maler vermehrt für die Schönheit und Vielgestaltigkeit der Gewächse zu interessieren. Es scheint geradezu einen Wettkampf gegeben zu haben, wer die naturgetreusten, ungewöhnlichsten und vielfältigsten Blumengesellschaften auf seinen Bildern darstellen konnte. Ausschlaggebend für diese neue Art der Wiedergabe von Gewächsen und von Rosen im Besonderen war vor allem der Wandel in der Funktion von Kunstwerken und Büchern und damit ein neuer Nutzer- und Auftraggeberkreis. Hatten für lange Zeit nur gelehrte Kirchenleute oder allenfalls noch Herrscher und Mitglieder des Hochadels Altarbilder und Handschriften bestellt, so änderte sich das im Verlauf des Mittelalters. Auch weniger einflussreiche Adelige und wohlhabende Bürger stifteten nun Kunstwerke für die Kirche, um sich einen Platz im Himmel zu sichern, und förderten auf diese Weise Künstler und Malerateliers, die sich gegenseitig mit kunstsinnigen Erfindungen zu überbieten versuchten. Auch die neuen, prächtig illustrierten Kräuterbücher, von denen der Londoner «Tractatus de herbis» nur ein Beispiel darstellt, dürften vor allem wohlhabende und gebildete Sammler angesprochen haben: Adelige und Bürgerliche, die Gärten besaßen und von den Gewächsen darin fasziniert waren, Kenner, die Zeit und Geld genug hatten, aufwendige Werke in Auftrag zu geben, sie zu studieren und sich an den wunderschön gemalten Bildern zu erfreuen.

Durch unermüdliche Züchtung gibt es inzwischen einen großen Form- und Farbreichtum.

FOLGENDE DOPPELSEITE

Rosa damascena «Crimson», Die Rose, *Komlosy Ferenztöl* (1872), Stuttgart, Württembergische Landesbibliothek

Remontant-Rose «Rubens», Die Rose, *Komlosy Ferenztöl* (1872), Stuttgart, Württembergische Landesbibliothek

Természet után Kornlszy Ferencztől.

Rosen für Liebhaber und Maler
Von Düften, Florilegien, Stillleben und Geliebten

Rosenduft Bis zum Ende des Mittelalters wuchsen in den Klöstern, in den Gärten der Bauern und Adeligen wohl vor allem Sorten von Rosa x alba und Rosa gallica. Doch möglicherweise gesellte sich zu den altvertrauten Gewächsen bereits im 13. Jahrhundert die wunderbar duftende Damaszenerrose Rosa x damascena hinzu. Die Kreuzfahrer sollen sie damals aus dem Orient mit nach Europa gebracht haben. Tatsächlich belegt ist die Damaszenerrose in mitteleuropäischen Gärten erst im 15. Jahrhundert. Ihre Geschichte ist hingegen viel älter: So war die Rose vermutlich die legendäre zweimal blühende Rose von Paestum. Wenn dem so ist, gewannen bereits Griechen und Römer das begehrte Rosenöl aus Damaszenerrosen. Ganz bestimmt jedoch verwendete man in der Antike zur Herstellung von Duftstoffen die weißen Albarosen.

Denn mehr noch als Form und Farbe der Rosenblüten war es der betörende Duft der schönen Blume, der bereits die Menschen der Antike für die Rosen schwärmen ließ. Viele hundert Jahre später stellte Albertus Magnus in seiner Beschreibung eines Ziergartens den Duft einer Pflanze noch vor Farbe und Gestalt als das entscheidende Kriterium für die Pflanzenauswahl heraus. Albert führte den Geruchssinn direkt nach dem Gesichtssinn als jene sinnliche Fähigkeit auf, die im Garten am meisten Freude macht. «Pflanzendüfte sind wie Musik für unsere Seele», sagt ein altes persisches Sprichwort. Düfte sind aber in der Regel auch flüchtig und lassen sich nicht festhalten. Ein Garten, in

dem möglichst viele duftende Rosen versammelt waren, bot daher die Möglichkeit, sich für kurze Zeit mit angenehmen Gerüchen zu umgeben. Die aromatischen Blütenblätter zu konservieren, indem man sie etwa trocknete, war eine Technik, um die Freude an schönen Düften zu verlängern. Und das war auch dringend erforderlich, denn die Wohnverhältnisse waren im gesamten Mittelalter bis weit in die Neuzeit hinein sogar für die wohlhabenderen Bürger und für den Adel sehr unerquicklich: Die Burgen waren im Winter feucht und rußig und in der warmen Jahreszeit stickig. Das offene Feuer, die Küche, die Tierställe und nicht zuletzt die vielen Bewohner dürften zu einer eher unangenehmen Atmosphäre in den Wohnräumen beigetragen haben. Die Stadtbewohner hatten ebenso mit schlechten Gerüchen zu kämpfen. Es gab wenig Platz in den von Mauern umgebenen Ortschaften, keine Kanalisation oder ordentliche Waschgelegenheiten im Haus, und in den kleinen Wohnungen drängten sich viele Menschen. Als Gegenmaßnahmen verstreute man wohlriechende Kräuter auf dem Boden, legte duftende Kräutermischungen – Potpourris – in Schalen und Gefäßen aus oder holte sich duftende Rosen als Topfpflanzen ins Haus. Umso größer muss seit jeher der Wunsch gewesen sein, den wunderbaren Duft der kurzlebigen Rose zu konservieren, um ihn jederzeit zur Verfügung zu haben.

Den Reichtum und die Vielfalt der Gerüche hat Jan Brueghel d.Ä. auf seinem im Prado in Madrid gehüteten Bild

Rosa indica multiflora, Die Rose, *Komlosy Ferenztöl (1872), Stuttgart, Württembergische Landesbibliothek*

«Der Geruchssinn» von 1618 festgehalten. Im Zentrum des Bildes sitzt eine unbekleidete weibliche Gestalt, die an einem kleinen Bouquet schnuppert. Sie ist die Verkörperung (oder Allegorie) des Geruchssinns. Begleitet wird sie von einem kleinen Kind, das ihr einen prächtigen Blumenstrauß reicht. Assoziationen zu Venus und dem Amorknaben sind gewiss beabsichtigt, passt das Paar doch perfekt zu der prächtigen Gartenlandschaft, in die der Maler sie gesetzt hat, vor allem aber zu den vielen Rosen auf dem Bild. Mengen von roten, rosa und weißen Rosenblüten liegen zu Füßen der nackten Schönen. Noch mehr Blüten sind in einem großen Korb angehäuft. Ein üppiger Rosenstrauch rahmt das Bild an seiner rechten Seite. Im Hintergrund schließlich kann man zwei Rosenpflückerinnen bei der Arbeit zuschauen. Sie sammeln weiße Rosen von einer Laube, um sie weiterzuverarbeiten. Am linken Bildrand zeigt Brueghel uns die Gerätschaften, die zur Herstellung von Rosenöl bis heute verwendet werden.

Rosenöl gilt immer noch als eines der teuersten ätherischen Öle. Interessanterweise ist es bei Zimmertemperatur fest. Gewonnen wird es aus den sogenannten «Ölrosen», die zu diesem Zweck etwa in Moldavien, auf der Halbinsel Krim, in Marokko, Bulgarien und in der Türkei angebaut werden. In Frankreich ist Grasse als die Stadt der Parfumeure für ihre Rosenöle bekannt.

Bis in das 9. Jahrhundert gewann man das begehrte Öl, indem man Rosenblätter in Öl einweichte. Der griechische Arzt Dioskurides hat in seinem berühmten Buch ein ausführliches Rezept für die Herstellung von Rosenöl hinterlassen:

Das Rosenöl wird so gemacht: 5 Pfund und 8 Unzen zerschnittenes und mit Wasser zerstampftes Bartgras koche unter Umrühren mit 20 Pfund und 5 Unzen Oel. Dann, nachdem du es durchgesiebt hast, wirf in die 20 Pfund und 5 Unzen Oel die Blätter von 1000 trockenen Rosen und nachdem du die Hände mit wohlriechendem Honig bestrichen hast, rühre es unter öfterem Drücken einen Tag lang; nachdem du es dann die Nacht über hast stehenlassen, presse es aus. Wenn sich aber das Hefenartige abgesetzt hat, wechsle das Aufnahmegefäß und gib es in einen mit Honig ausgestrichenen Mischkrug. Die ausgepressten Rosen wirf in ein Fass und gieße 8 Pfund und 3 Unzen verdichtetes Oel dazu und presse es wieder aus. Dieses wird dir die zweite Sorte Oel sein, und wenn du willst, gieße bis zum dritten und vierten Male auf und presse aus. Es entsteht so eine erste, zweite, dritte und vierte Sorte Oel. So oft du dies aber thust, streiche die Krüge vorher mit Honig aus. Wenn du aber eine zweite Auflage herstellen willst, so wirf in das zuerst ausgepresste Oel die gleiche Zahl frischer trockener Rosen und rühre mit den Händen, die vorher mit Honig bestrichen sind, um, und presse aus, und dies thue zum zweiten, dritten und vierten Male in der gleichen Weise auspressend. So oft du dieses aber thust, wirf frische Rosen dazu, sie mit den Nägeln zerpflückend; denn es wird kräftiger. Bis zu einem siebten Auszuge lässt das Oel den Zusatz von Rosen zu, dann aber nicht mehr. Auch die Presse werde mit Honig ausgestrichen. Sorgfältig muss das Oel von dem (wässerigen) Safte getrennt werden, denn wenn das Geringste davon zurückbleibt, verdirbt das Oel.

Im 10. Jahrhundert entwickelte der arabische Gelehrte Avicenna ein neues, effektiveres Verfahren zur Herstellung des begehrten Duftöls, indem er die in Wasser eingeweichten Rosenblätter destillierte. Im 15. Jahrhundert kam kaum einen wohlhabenden Haushalt oder ein Kloster ohne Destillierapparate zur Rosenölgewinnung aus. Dennoch waren weiterhin auch einfachere Rezeptversionen für die Herstellung des kostbaren Stoffs in Gebrauch. Das hier wiedergegebene ist in einer englischen medizinischen Handschrift aus dem 15. Jahrhundert überliefert:

Rosenöl wird hergestellt aus Olivenöl und Rosen, die in einem Glasgefäß 30 oder 40 Tage in die Sonne gestellt werden. Besser ist es jedoch, Rosen und Öl gemeinsam über dem Feuer zu sieden. Danach Blütenblätter entfernen und aufbewahren.

Patrick Süskind hat in seinem Roman «Das Parfum», der die Lebensgeschichte des unheimlichen Helden Jean Baptiste Grenouille erzählt, die Wasserdampfdestillation bis in alle Einzelheiten geschildert. Das Verfahren unterscheidet sich von den Anwendungen in kommerziellen Anlagen nur wenig. Um hochwertiges Rosenöl zu gewinnen, benötigt man zuallererst enorme Mengen frischer Rosenblüten. Denn aus einer Tonne Rosenblüten lassen sich höchstens 200-300 g Rosenöl gewinnen. Nach wie vor werden die Blüten in den frühen Morgenstunden gepflückt, weil sich der Ölgehalt in den Blüten mit ansteigender Tagestemperatur verringert. Die gepflückten Blüten werden in großen Kesseln in Wasser eingeweicht und von unten erwärmt. Der aufsteigende Wasserdampf

Viele Rosensorten werden heute auch als Hochstamm angeboten.

nimmt die duftenden Bestandteile der Rosenblüten auf und kondensiert zu einer milchig trüben Flüssigkeit, die als «fettes Wasser» bezeichnet wird. Trennen sich dessen Bestandteile voneinander, erhält man das sogenannte «grüne Öl», das in einer dicken Schicht auf dem Wasser schwimmt. «Grünes Öl» wird nur im ersten Destillationsvorgang gewonnen. Es ist die konzentrierteste und hochwertigste Form des ätherischen Rosenöls und verströmt einen intensiven Duft nach frischen Blüten. Das restliche «fette Wasser» kann man erneut destillieren. Hierbei entsteht «gelbes Öl», das ein etwas schwächeres Rosenaroma aufweist. Als «Rosenwasser» wird schließlich jenes zart duftende Kondenswasser bezeichnet, das nach der letzten Destillation übrigbleibt. Bei uns wird es vor allem zur Aromatisierung von Marzipan eingesetzt. Im vorderorientalischen und islamischen Kulturkreis hingegen nutzt man Rosenwasser zu vielfältigen Zwecken: Man beduftet etwa Wohnräume damit oder würzt Speisen mit Rosenwasser.

Tatsächlich begann die Kultivierung der Damaszenerrose als Duftstofflieferantin vor vielen tausend Jahren in den Regionen um das Kaspische und das Schwarze Meer, rund um das Mittelmeer und am Persischen Golf, wo auch die ursprüngliche Heimat der duftenden Schönen liegen soll. In Persien und darüber hinaus in der gesamten muslimischen Welt wurden Rosen und die aus ihr gewonnenen Produkte seit jeher geschätzt. Bereits im frühen Mittelalter zwischen 810 und 817 n. Chr. bezog etwa der Kalif von Bagdad 30.000 Flaschen Rosenwasser aus der Provinz Faristan. Kaiser Karl der Große ließ zur gleichen Zeit an seinen Hof in Aachen Rosenwasser aus dem Orient importieren.

Die immer wieder neu erzählte Geschichte von der Nachtigall, die mit ihrem Herzblut die Rose rot färbt, ist ursprünglich ein Märchen aus Persien, das bei Dichtern und Malern in ganz Europa über die Jahrhunderte gleichermaßen beliebt war. Rosen waren auch noch 2004 das Geschenk der begeisterten Bevölkerung von Teheran an die Deutsche Fußballnationalmannschaft.

Aber zurück zur Damaszenerrose: Interessanterweise hat man sie nie wild wachsend vorgefunden. Sie ist eine Naturhybride, zu deren Eltern Rosa moschata, Rosa gallica und noch eine weitere Art gehören. Die sommerblühende Rosa x damascena trigintipetala «Kazanlik» – die bulga-

rische Ölrose – ist mit einigen nahe verwandten Formen seit langem bestimmend in der Rosenölproduktion. Sie wird in Bulgarien bis heute auf großen Feldern angebaut. Weniger Blütenblätter und einen schwächeren Duft zeichnen Rosa x damascena bifera aus. Sie wird auch «Autumn Damasc» oder «Quatre Saisons» genannt. Sie blüht den ganzen Sommer über bis in den Spätherbst. Bis zur Einfuhr der mehrmals blühenden chinesischen Rosen im 18. Jahrhundert war diese Art eine viel begehrte Kostbarkeit in den Gärten der Kenner, weil sie länger und ausdauernder blühte als alle anderen Rosen.

Einen geschichtsträchtigen Namen trägt die Damaszenersorte Rosa x damascena var. versicolor «York and Lancaster» mit ihren hellrosa und weiß gescheckten Blüten. Der Name spielt an auf die sogenannten «Rosenkriege», die die englischen Herzöge von York und Lancaster im 15. Jahrhundert austrugen. Die Familie von York hatte eine weiße Rose in ihrem Familienwappen, die von Lancaster eine rote. Beide Häuser stritten sich in einem dreißig Jahre dauernden Erbfolgekrieg um die englische Königskrone. 1486 heiratete schließlich der mit Lancaster verwandte Heinrich Tudor Elisabeth von York und vereinigte so die beiden Häuser in einer Hand. Er führte aber auch die beiden Wappenrosen zu der sogenannten «Tudor-Rose» zusammen, indem er die kleinere weiße auf die rote Rose legte. Bis heute ist sie das Abzeichen des englischen Königshauses. Der Sage nach soll nun die York und Lancaster-Rose auf der Hochzeit von Heinrich und Elisabeth das erste Mal gesehen worden sein. Viele sollen herbeigeströmt sein, um die Rose zu betrachten, deren Blüten die Farben der bisher verfeindeten Häuser zeigten. Tatsächlich aber wurde die Rose erst lange Zeit nach den Ereignissen bekannt. Oft wird sie mit der kontrastreicher gefärbten Rosa gallica versicolor verwechselt, die im Unterschied zu dieser Damaszenersorte bereits wesentlich länger kultiviert wurde.

Kräuterbuch und Florilegium «Weiße Rose von York» ist ein umgangssprachlicher Name für die gefüllt blühende, intensiv duftende Rosa x alba maxima, während ein Abbild der altvertrauten Apothekerrose das Wappen der gegnerischen Familie Lancaster schmückte. Welche Rosenarten und Sorten nun tatsächlich im 15., 16. und

Rosa indica «La Boule d'Or», Die Rose, *Komlosy Ferenztöl (1872), Stuttgart, Württembergische Landesbibliothek*

17. Jahrhundert in den Gärten gepflegt wurden, das wissen wir vor allen Dingen aus den prächtig illustrierten Pflanzenbüchern der Zeit. Die Erfindung des Buchdrucks in der Mitte des 15. Jahrhunderts trug maßgeblich zur Verbreitung wissenschaftlicher Erkenntnisse bei. Denn die alten handgeschriebenen Kräuterbücher wie der «Dioskurides» oder der «Tractatus de herbis», die in langwieriger Handarbeit einzeln hergestellt wurden, waren sehr teuer und daher auch nur sehr wenigen Menschen zugänglich. Durch die neue Drucktechnik vergrößerte sich der Nutzerkreis gewaltig. Wie die alten Handschriften, so waren auch die gedruckten Bücher häufig mit Abbildungen, meist mit Holzschnitten, geschmückt. Die Bücher erleichterten den Zugang zum Wissen für Laien und Wissenschaftler gleichermaßen und waren mit verantwortlich für den Aufschwung der Botanik als Wissenschaft im 16. Jahrhundert. In dieser Zeit regte sich erstmals wieder ein Interesse an der heimischen Flora. Zudem kamen unzählige neuartige Gewächse aus dem nahen und mittleren Osten nach Europa. Adelige, Forscher und wohlhabende Laien versuchten, die neuen Pflanzenarten zu akklimatisieren und vielleicht sogar nachzuzüchten, zu sammeln und zu katalogisieren. Es dauerte nicht lange und die Gärten wurden zu Orten, in denen man regelrechte Pflanzensammlungen anlegte. In dieser Zeit wurden die Grundlagen für viele unserer heutigen botanischen Gärten gelegt. Botaniker versammelten seltene und außergewöhnliche Exemplare, die sie aus fernen Ländern mitbrachten oder sich schicken ließen. Der gartenvernarrte Adel und wohlhabende Bürger legten ebenfalls Gärten an und nutzten diese nicht zuletzt zur Vermehrung ihres Ansehens. Es verwundert kaum, dass derartig aufwendige Gartenprojekte von entsprechenden Buchpublikationen begleitet wurden. Diese Bücher haben mit den mittelalterlichen Herbarien nicht mehr viel zu tun, in denen Pflanzen nach ihrer medizinischen Verwendbarkeit beurteilt wurden. Sie reflektieren vielmehr die Begeisterung, mit der man damals versuchte, Gärten mit möglichst vielen verschiedenen und zugleich außergewöhnlichen Exemplaren zu füllen. Für uns besonders interessant ist die Tatsache, dass sie viel über den Stand der Rosenzucht der Zeit verraten. Im Folgenden seien nun die Rosen aus zwei dieser Gartenbücher vorgestellt.

Rosen im Hortus Eystettensis 1613 gab der Nürnberger Apotheker Basilius Besler eine schwergewichtige, durchgängig illustrierte Beschreibung der Blumen im Garten von Eichstätt heraus, den der Fürstbischof Conrad von Gemmingen um das Schloss Willibaldsburg in Eichstätt angelegt hatte. Der repräsentative Garten war mit vielen Pflanzenraritäten aus der ganzen Welt bestückt. Der «Hortus Eystettensis», wie das Buch genannt wird, ist eine Darstellung aller Gewächse, die damals in dem Garten zu finden waren. Die darin abgebildeten Rosen vermitteln uns einen Eindruck von der Vielfalt der zu Beginn des 17. Jahrhunderts bekannten Arten und Sorten. Problematisch bei der Betrachtung und Einordnung der großformatigen Bildtafeln sind jedoch die nicht immer ganz exakten Darstellungen der Gewächse, die die Bestimmung der Rosen recht schwer machen. Auch die beigegebenen Beschriftungen helfen nicht immer weiter, wurden sie doch schon bald nach Erscheinen des Werkes bemängelt und werden von Forschern heute noch kontrovers diskutiert. So wird etwa die als «Rosa provincialis flore albo» bezeichnete, gefüllte weiße Rose im wissenschaftlichen Kommentar der faksimilierten Neuausgabe des «Hortus Eystettensis» als «duftende weiße Rose» ohne genauere Zuordnung bezeichnet. Andernorts wird hingegen eine Benennung als weiße Farbvariante der Tapetenrose (Rosa x francofurtana oder Rosa turbinata) vorgeschlagen. Die Tapetenrose ist eine Hybride, die vermutlich aus Rosa gallica und der Zimtrose Rosa majalis hervorging. Sie wurde zuallererst 1583 von dem bedeutenden niederländischen Arzt, Gärtner und Botaniker Carolus Clusius (1526–1609) als «Rosa sine spinis», also als Rose ohne Dornen, beschrieben. Gesehen hatte sie der Autor 1601 während seines Aufenthaltes in Frankfurt in verschiedenen Patriziergärten. Eine weitere «Rosa sine spinis» wurde unter dem Namen Rosa Francofurtensi oder Rosa purpurea Francofurti, als dunkelrote Frankfurter Rose bekannt. Die Autoren des Faksimiles vermuten in der ebenfalls abgebildeten «Rosa rubro nigricans flore pleno» eine Darstellung dieser Sorte, die dort jedoch mit Stacheln wiedergegeben ist. Einem größeren Kreis von Liebhabern wurde die Frankfurter Rose später durch Johann Wolfgang von Goethe bekannt, der sie 1777 an die Wände seines Gartenhauses am Stern in Weimar pflanzte. Bis zur Mitte des 19. Jahrhunderts umrandete

Rosendarstellung im «Hortus Eystettensis» *von Basilius Besler (1613), Privatbesitz*

FOLGENDE DOPPELSEITE

Rosenblüten in einer Schale erfüllen das ganze Haus mit herrlichem Duft.

Die üppige Rosenpracht im Frühsommer ist immer ein Höhepunkt im Gartenjahr.

IIII.
Rosa Damascena flo:sim,
plici.

III.
Rosa rubicunda Sacchari,
na dicta.

und umkleidete die Frankfurter Rose Lauben, Wände und Mauern, bis sie von den eigentlichen, damals neu eingeführten Kletterrosen verdrängt wurde. Heute ist sie nur noch selten anzutreffen.

Trotz einiger Schwierigkeiten, die Rosen des «Hortus Eystettensis» verbindlich zu identifizieren, zeigt das Buch dennoch eindrucksvoll, in welcher Variationsbreite neben Sorten der weißen Rose besonders Formen der Essigrose damals gepflegt wurden: Die Apothekerrose, die prächtige, rot-weiß gestreifte Rosa mundi und verschiedene dunkelrote, halbgefüllte Varianten füllen die Seiten des Buches. Die abgebildete Hundsrose, Weinrose, Zimtrose, Dünenrose, Fuchsrose und die damals als sensationelle Neueinführung gerühmte gelbe Rosa hemisphaerica zeigen darüber hinaus das Interesse der Sammler, Gärtner und Künstler an den Wildrosen und ihren Formen. Dargestellt ist auch die damals ebenfalls neue, üppig rosa blühende Rosa x centifolia. Ihre Formen machen im 17. Jahrhundert auf den Bildern der Stillebenmaler und auf den galanten Gemälden des Rokoko eine erstaunliche Karriere, weswegen sie auch als «Rose des peintres», als Malerrose bezeichnet wird. «Provence-», «Cabbage-» oder Kohlrose sind weitere Namen, die man der rosigen Schönen gegeben hat. Ihre genaue Herkunft ist unklar, vermutlich ist sie eine Hybride mit der Damaszenerrose als einem Elternteil.

Der «Hortus Eystettensis» war ein sehr erfolgreiches Buch. Es wurde in vielen verschiedenen Versionen mehrfach nachgedruckt, auch im benachbarten Ausland hatte das prächtige Werk Erfolg. Heute ist es wieder in einer sorgfältig rekonstruierten, schönen und preisgünstigen Ausgabe zu haben.

Rosa hemisphaerica und Rosa gallica Tuscany *im 2. Band des Moller-Florilegiums von Hans Simon Holtzbecker (um 1660), Hamburg, Staats- und Universitätsbibliothek*

Rosen im Moller-Florilegium
Ganz anders verlief die Geschichte des sogenannten «Moller-Florilegiums». Als Florilegium bezeichnet man eine Sammlung von Blumenbildern, die in einem Buch zusammengefasst werden. Im Prinzip war auch Basilius Beslers «Hortus» ein gedrucktes Florilegium. Doch zeichnet sich das «Moller-Florilegium» durch eine Besonderheit aus: Der Hamburger Blumenmaler Simon Holtzbecker (gestorben 1671) hat nämlich in diesem Fall ein insgesamt fünfbändiges Unikat für den Bürgermeister von Hamburg, Barthold

Moller (1605–1667), von Hand gemalt. Seine wunderschönen, detaillierten Blumenbilder auf Pergament kommen ganz ohne Beschriftungen aus. In mehrjähriger Arbeit stellte der Künstler sein Werk um 1660 fertig. Von den ursprünglichen fünf Bänden gelten zwei heute als verschollen, einer wird in einer amerikanischen Privatbibliothek gehütet. Die übrigen beiden Bände gehören seit einigen Jahren zu den Schätzen der Hamburger Staats- und Universitätsbibliothek. Im zweiten Hamburger Band hat Holtzbecker die ganze Vielfalt der in der zweiten Hälfte des 17. Jahrhunderts gepflegten Kulturrosen dargestellt, die vermutlich zugleich jene Arten abbilden, die Bürgermeister Moller auch in seinem Garten hütete: Albarosen, Gallicarosen, Damaszenerrosen und Centifolien, gelbe Fuchsrosen in verschiedenen Formen, Moschusrose, Rosa hemisphaerica und Zimtröschen sind im «Moller-Florilegium» vertreten. Ungewöhnlich ist eine Darstellung der schlichten Rosa canina. Vielleicht hat Barthold Moller ein Bild von ihr gewünscht, weil es sich um eine wilde Art handelt, die nur selten in frühen Florilegien abgebildet wurde, vielleicht war sie auch als Natursämling mehr oder weniger zufällig in den Garten geraten. Wir wissen es nicht. Holtzbecker hat die Rosen auf seinen Bildern sehr naturgetreu wiedergegeben. Besonders die Form von Blüten und Knospen genügt auch heute noch den Ansprüchen der Botaniker. Hingegen hat er die Blattstruktur ziemlich einheitlich gestaltet. An den Blättern der Rosa hemisphaerica und der violetten Gallicarose «Tuscany» ist dies zu beobachten. Farbe, Gestalt und Größe der grünen Blätter sind trotz der unterschiedlichen Artzugehörigkeit beinahe identisch.

Holtzbeckers Rosenbilder waren eine exklusive Auftragsarbeit für einen gebildeten Gartenfreund und Kunstsammler. Die Bilder dienten als Katalog des Gartens und erfreuten vermutlich die Betrachter mit ihren schönen Darstellungen in der kalten Jahreszeit, wenn der Garten öde und leer war. Der Künstler malte das «Moller-Florilegium» wie auch weitere ähnliche Werke für einen sehr kleinen Kreis gärtnerisch interessierter Amateure als hochspezialisierter Fachmaler, der in wechselnder Anstellung oft Jahre mit der Herstellung eines einzigen Florilegiums beschäftigt war.

Das «Moller-Florilegium» ist den Blühzeiten der Pflanzen entsprechend nach deren Herkunft und nach Jahreszeiten

geordnet. So umfasst etwa der erste Band fast ausschließlich frühblühende Zwiebelpflanzen, während die Rosen im zweiten Teil gemeinsam mit Blütensträuchern, Obstsorten und Mittelmeergewächsen dargestellt sind. Was im Florilegium als ein Nacheinander der Blüte dargestellt ist und einer gewissen botanischen Systematik folgt, wird in den Blumenstillleben der Zeit zu einem bunten, scheinbar unsystematischen Nebeneinander, das erst durch die kunstvolle Komposition und die komplizierte Symbolik eine ganz eigene Ordnung erhält.

Rosen im Stillleben Der niederländische Maler Willem van Aelst (1627–1683) hat 1663 ein prächtiges Blumenbild gemalt, das heute in den Fine Arts Museums von San Francisco aufbewahrt wird. Aus der schweren, silbernen Vase gefallene Centifolien beherrschen den unteren linken Teil des Bildes. Gemeiner Schneeball, Tagetes, Tulpen, Nelken, Schlafmohn und Iris leuchten vor dem dunklen Hintergrund auf. Sie füllen ein üppig wucherndes Blumenstillleben, das auf einer von einem schweren, dunkelpurpurnen Samttuch halb bedeckten Marmorplatte arrangiert ist. Eine geöffnete Taschenuhr, eine Gartenschnecke, eine Libelle und flatternde Schmetterlinge auf den Rosen vervollständigen das detailgenau gemalte Bild. Auch wenn van Aelst sich ebenso akribisch mit der Wiedergabe der Pflanzen und Tiere auseinandergesetzt hat wie Holtzbecker in seinem Florilegium, so scheint sich die Bedeutung des Bildes nicht allein in der Zusammenstellung verschiedener damals beliebter Gartenblumen zu erschöpfen. Denn die Pflanzen und Tiere auf dem Bild haben ganz unterschiedliche Lebenszyklen. So blüht die Iris bereits im Frühling, während die Großlibelle erst im Hochsommer ihre Flügel ausbreitet. Doch wer hat überhaupt die Insekten ins Zimmer gelassen? Und wie hat man es geschafft, die sperrigen Stängel und Zweige in die recht kleine Vase zu zwängen? Auf welche Weise wird das kunstvolle Gebilde zusammengehalten und warum kippt die Vase nicht um? Diese Fragen deuten an, dass der Künstler uns ein Bild offenbar aus vielen verschiedenen Einzeldarstellungen zusammengefügt hat. Optisch erscheint es aufgrund der wunderbaren Maltechnik vollkommen überzeugend, doch mit einem realen Blumenstrauß in einer Zimmerecke hat das Bild nicht mehr viel zu tun.

Willem van Aelst, Blumen in einer Vase mit Silberaufsatz und Taschenuhr (1663), Ausschnitt, *San Francisco, Fine Arts Museums*

Tatsächlich lassen sich solche kunstvollen Blumenbilder aus dem 17. Jahrhundert auf sehr verschiedene Weisen interpretieren. Natürlich erlauben uns diese Bilder einen Blick in die damaligen Gärten. Sie erklären, welche Blumen in dieser Zeit gerade besonders aktuell waren. Aber auch so scheinbar mühelos eingefügte Details wie die Schmetterlinge auf den Centifolienblüten haben in der Symbolwelt des 17. Jahrhunderts darüber hinaus eine feste Bedeutung. So erschien im Jahr 1592 in Frankfurt am Main eine Serie von Kupferstichen unter dem Titel «Archetypa studiaque patris Georgii Hoefnagelii», die uns die symbolischen Bedeutungen der Bildmotive näher erläutert. Es handelt sich um eine Sammlung wunderschön gezeichneter Pflanzen- und Tierdarstellungen, die mit erklärenden Beischriften versehen sind. Gedacht war das Werk für Liebhaber von Pflanzen und Tieren, aber auch für Künstler, die es als Anregung für ihre Werke oder als Musterbuch verwenden konnten, falls keine anderen Vorlagen zur Hand waren. Auf einem Blatt begleitet der Zeichner die Darstellung einer halberblühten Rose mit einem darauf sitzenden Schmetterling mit dem lateinischen Spruch «Nasci, pati, mori» – Geboren werden, Leiden, Sterben. Schaut man sich mit diesem Gedanken im Sinn van Aelsts Blumenbild noch einmal an, bekommt das malerische Arrangement auf der Marmorplatte einen ganz neuen Sinn: Die flatternden Schmetterlinge auf dem Rosenzweig lassen sich in das symbolische Universum des Blumenstücks mit einbeziehen. In der Bildsprache des 17. Jahrhunderts verkörpert der Schmetterling nämlich die menschliche Seele, die «psychè». Die wundersame Metamorphose von der Raupe zum Schmetterling wurde damals mit der Auferstehung verglichen. Die beiden Falter, die sich auf den Rosen niedergelassen haben, können nach dieser Lesart als Seelen interpretiert werden. Sie entfliehen Tod und Verdammnis durch das Leiden und das Opfer Christi, das in der Blumensymbolik des 17. Jahrhunderts weiterhin durch die Rosen symbolisiert wird. Die gelehrten Anspielungen auf die Heilsgeschichte waren den gebildeten Betrachtern solcher Blumenstillleben vertraut. Vielmehr als die Betrachter unserer Zeit waren es die Menschen des barocken Zeitalters gewohnt, Zeichen und Bildchiffren zu lesen und zu deuten. Geboren werden – Leiden – Sterben, die pessimistische Vorstellung des menschlichen Lebensweges von der

Wiege bis zur Bahre ist auch auf van Aelsts prächtigem Bild dargestellt. Es konfrontiert uns als Betrachter mit Tod und Verfall: Während sich die einen Pflanzen nach oben zu strecken scheinen und noch in voller Pracht erblühen, lässt die Tulpe ihren schönen Kopf hängen und der Rosenzweig ist aus der Vase gefallen. Dessen Blüten suchen zwar noch das Licht, aber vom lebensnotwendigen Wasser in der Vase sind sie bereits abgeschnitten. Überall sind an den grünen Blättern Fraßspuren des Ungeziefers zu erkennen. Der Schnecke können wir bei ihrem Vernichtungswerk sogar zuschauen. Van Aelst setzt die Schönheit seiner Malerei und den Reichtum der Blüten gegen den fortschreitenden Verfall der pflanzlichen Pracht, der besonders den unteren Teil des Bildes dominiert. Nicht zufällig liegt neben der Vase die geöffnete Uhr, die das unaufhaltsame Verstreichen der Lebenszeit mit ihrem Ticken begleitet. Gemeint sind mit den Blumen alle lebendigen Wesen und damit auch die Menschen, deren Leben schon Anakreon mit der kurzen Blüte der Rose verglichen hatte.

Die Rose war damals neben ihrer religiösen Bedeutung weiterhin die Blume der Liebe und der Venus, aber ebenso sehr ein Vanitassymbol, ein Bild für die Kürze und Vergänglichkeit des irdischen Lebens. Tatsächlich kann die Rose auf eine lange Tradition als Grabschmuck und Friedhofspflanze zurückblicken. In der Schweiz oder in Bayern hat man Rosen so stark mit dem Tod in Verbindung gebracht, dass Friedhöfe als Rosengärten bezeichnet wurden. Auch die Benennung Rosengarten für ein Schlachtfeld ist bekannt. In Büchern aus dieser Zeit kann man über die vielfach verschlüsselten Entsprechungen zwischen den Erscheinungen der Natur und dem Ablauf des menschlichen Lebens nachlesen.

Der Holländer van Aelst hat auf seinem Blumenstück Rosa x centifolia abgebildet, eine Art, die in den Niederlanden des 16. Jahrhunderts als komplexe Gartenhybride, vielleicht aus Rosa x damascena bifera und Rosa x alba entstand. Clusius nannte sie Rosa centifolia batavica nach dem alten Namen für Holland. Bald entstanden unterschiedlich große Formen mit weißen oder dunkelrosa Blütenblättern. Eine Knospenmutation der Centifolie ist die «Moosrose», die in Deutschland zuerst im späten 17. Jahrhundert in Gärten gepflegt und im 19. Jahrhundert zu einer sehr beliebten Rose wurde. Die Centifolie wurde

wegen ihrer schönen großen Blüten und des starken Dufts sehr geschätzt. Sie ist vermutlich die Rose, die bis in das 18. Jahrhundert hinein am häufigsten auf Bildern zu entdecken ist.

Insgesamt ist die Auswahl von Rosenarten oder -sorten auf den Stillleben des 17. Jahrhunderts jedoch gar nicht so groß, wenn man sie mit den Listen der in den Gärtnereien damals tatsächlich angebotenen Rosen vergleicht. Immerhin pflegten begeisterte Rosengärtner 1656 in London bereits 32 verschiedene Sorten und Arten. Auf den Bildern hingegen waren es neben der allgegenwärtigen Centifolie vor allem Formen der Albarose und der Rosa gallica, die einen großen Teil der Stilllebenproduktion dominierten. Moschusrose, Damaszenerrose, aber auch die wildwachsende Rosa rubiginosa und einige Hybriden sind gelegentlich auf solchen Bildern dargestellt. Eine echte Neuheit waren hingegen die gelben Rosen, die viele niederländische Blumenstillleben des 17. und 18. Jahrhunderts schmücken.

Gelbe Rosen Bis zum 16. Jahrhundert kannte man in Europa ausschließlich rote oder weiße Rosen. Die ersten gelb blühenden Arten wurden erst mit dem Ende des Jahrhunderts importiert. Bis zur Einführung chinesischer Arten im 18. Jahrhundert blieben gelbe Rosen jedoch kostbare Raritäten. Die leuchtend gelbe Fuchsrose Rosa foetida und ihre rot-gelb blühende Form Rosa foetida bicolor, die Kapuzinerrose, waren bald begehrte Sammlerobjekte. Die extravagante Rosa foetida bicolor ist vermutlich durch eine Knospenmutation entstanden. Sie soll bereits bei arabischen Gärtnern im 12. Jahrhundert sehr beliebt gewesen sein. Im Unterschied zu den vielen verschwenderisch duftenden Arten riechen die Formen der Fuchsrose jedoch eher unangenehm. Eine echte Sensation war die etwas blassere, vielblättrige Rosa hemisphaerica, die Clusius 1601 aus der Türkei erhielt. Rosa hemisphaerica, auch Rosa sulphurea, also Schwefelrose oder «Yellow Provence Rose» genannt, duftet angenehm. Im Gegensatz zu Rosa foetida zeichnet sie sich zudem durch zahlreiche Blütenblätter aus. Doch bis heute ist sie ein anspruchsvoller Pflegling im Garten geblieben, der Feuchtigkeit nur schlecht verträgt und viel Wärme braucht, um die Blüten zu öffnen. Dazu ist sie schwierig

Gelbe Rosen waren in früheren Zeiten äußerst selten.

zu vermehren und nicht winterhart. In den meisten Rosenbüchern wird sie nicht einmal erwähnt.

Rosa foetida und Rosa hemisphaerica hat der niederländische Blumenmaler Daniel Seghers um die Mitte des 17. Jahrhunderts auf einem aus Rosen gebildeten Kranz eingefügt, der ein von Simon de Vos gemaltes Bild der Heiligen Familie umrahmt. Fast alle im 17. Jahrhundert beliebten und begehrten Rosen hat Seghers in diesen Kranz mit eingeflochten: Verschiedene Gallica- und Albarosen mischen sich mit Damaszenerrosen und Weinrosen. Die beiden gelben Arten bereichern den duftig zart rosaweißen Kranz um einen leuchtenden Akzent. Fast immer sind Rosa foetida und Rosa hemisphaerica gemeint, wenn auf Bildern bis zur Mitte des 17. Jahrhunderts gelbe Rosen abgebildet sind. Daher durften sie auch in Holtzbeckers «Moller-Florilegium» nicht fehlen. Rosa foetida bicolor hat der Maler in verschiedenen Farbvarianten abgebildet. Sein Porträt der prächtigen Rosa hemisphaerica bildet einen reizvollen Kontrast zu der dunklen Gallicarose. Eine weitere gelbe Rose gibt es auf den hinreißenden Bildern des niederländischen Malers Jan van Huysum (1682–1749) zu bestaunen, über die Botaniker wie Kunsthistoriker seit langem rätseln. Abgebildet ist so ein Exemplar der geheimnisvollen Schönen auf einem üppigen Blumenstillleben mit einer Terrakottavase im Historischen Museum von Amsterdam. Wie van Aelst hat auch van Huysum ein malerisches Durcheinander aus verschiedenen Blumen geschaffen. Es gibt Rosen, Mohn, Iris, Pfingstrosen, blaue Prunkwinden, Kapuzinerkresse und verschiedene Lilien zu sehen, die von kleinen Insekten aufgesucht werden. Wie immer bei van Huysum lassen sich die Rosen auch auf dem Amsterdamer Bild noch genauer bestimmen: Oben rechts zwischen der Lilie und der Mohnknospe versteckt sich eine rot-weiß gescheckte York und Lancaster-Rose. Eine weiße Hybride aus Rosa moschata und Rosa x alba ist neben der blauen Iris zu erkennen. Darunter öffnen Albarosen ihre Blüten. Sie werden gerahmt von den schweren Köpfen einer rosaroten Centifolie. Dazwischen sind weitere Rosenblüten zu erkennen, deren Gestalt unzweifelhaft der rundlichen Rosa centifolia ähnelt, deren Farbe jedoch ganz ungewöhnlich zwischen goldgelb und orange changiert. Was für eine Rosenart mag das wohl sein? Tatsächlich war Jan van Huysum für die Darstellung dieser besonderen gelben Rose berühmt. Sie war sozusagen eines seiner Markenzeichen und ist auf vielen Bildern des Malers zu bewundern. In einem Brief des Künstlers kann man nachlesen, dass van Huysum ein Stillleben für den Fürsten von Mecklenburg-Schwerin nur deshalb nicht fertigmalen konnte, weil die gewünschte gelbe Rose in diesem Jahr nirgendwo zu beschaffen war. Später hat man die unbekannte Schöne nach dem Maler benannt. Bis heute heißt sie Rosa huysumiana oder van Huysum-Rose. Im Handel ist sie jedoch nicht zu kaufen. Auch in botanischen Gärten und speziellen Rosarien wird sie nicht gepflegt. Sie ist ausgestorben, überlebt hat sie allein als Bild auf den Werken Jan van Huysums. Einige Fachleute meinen deshalb sogar, dass die mysteriöse gelbe Centifolie vielleicht nie existiert hat und sie eine Erfindung des Malers gewesen ist. Doch ist es eher unwahrscheinlich, dass van Huysum sich diese Rose einfach ausgedacht hat. In niederländischen Blumenstillleben taucht sie bis ins 19. Jahrhundert gelegentlich auf. Möglicherweise handelt es sich um eine seltene und nicht sehr vitale Hybride zwischen einer Form der Rosa x centifolia und der gelben Rosa foetida, die offenbar auch nicht in jedem Jahr blühte und auch nicht in jedem Fall ihre Blüten vollkommen öffnete. Auf jeden Fall bevorzugte Jan van Huysum diese gelbe Rose vor anderen gelben Arten. Im Unterschied zu Daniel Seghers, der um die Mitte des 17. Jahrhunderts Rosa foetida und Rosa hemisphaerica auf seinen Bildern gerne darstellte, hat van Huysum auf diese beiden Arten zugunsten der gelben Centifolie weitgehend verzichtet.

Rosenmode Gelbe Rosen erscheinen jedoch nicht allein auf den kunstvollen Blumenbildern der alten niederländischen Meister. Darstellungen von Rosenblüten in vielen Farben waren seit jeher ein beliebtes Motiv, mit dem Alltagsgegenstände verziert wurden. Viele Museen mit kunsthandwerklichen Sammlungen beherbergen Porzellan, Tapeten, Wandbehänge, Möbel und Kleidungsstücke, die mit Rosenmotiven verschönert wurden. Sie vermitteln uns einen Eindruck davon, wie beliebt Rosen in der barocken Alltagskultur waren. Gesteigert wird diese Liebe zu den Rosen noch einmal im 18. Jahrhundert. Kaum ein Gebrauchsgegenstand, ein Porträt oder eine galante Darstellung kam damals ohne Rosen als Beiwerk aus.

Jan van Huysum, Blumen in einer Terrakottavase, Ausschnitt, *Amsterdam, Historisches Museum*

Eine ganz ungewöhnliche Wiedergabe goldgelber Rosen ist auf einem wenig bekannten Porträt des berühmten englischen Bildnismalers Thomas Gainsborough in der Wolverhampton Art Gallery zu besichtigen. Der Künstler malte 1762 das ganzfigurige Bild des gesellschaftlichen Aufsteigers Sir Edward Turner, der kurz zuvor ein größeres Vermögen erworben hatte. Einen ganz beträchtlichen Teil davon muss er in seinen spektakulären dreiteiligen Anzug aus schwarzer, bestickter französischer Seide investiert haben. Goldgelbe, silbern abgesetzte Rosenblüten zieren Jacke, Weste und Kniebundhosen. Solche Kleidungsstücke für Herren haben in einigen Kostümsammlungen zwar überdauert und bezeugen, dass in Zeiten vor der Französischen Revolution Männer durchaus extravagante und für uns heute sehr ungewöhnliche Kleidungsstücke getragen haben, aber auf Herrenporträts der Zeit sind solche Kostüme eher selten.

Denn Rosen als modisches Motiv und Accessoire waren bereits im 18. Jahrhundert vor allem Frauensache. In kulturgeschichtlichen Sammlungen gibt es unzählige, wunderschön anzuschauende Damenkleider, die mit Rosenmotiven bestickt sind oder auf denen man entweder echte oder künstliche Rosenblüten applizierte. Das prächtigste aller Rosenkleider aber trug Jeanne-Antoinette Poisson, die Marquise de Pompadour (1721–1764), auf dem großen Porträt des französischen Malers Francois Boucher (1703–1770) in der Alten Pinakothek in München. Auf diesem Porträt umgibt sich die Marquise mit unzähligen Rosen. Geschnitzte Rosenblüten schmücken den Spiegelrahmen, Rosen liegen auf dem Fußboden und im unteren Regal des Schreibtisches zwischen den Schreibutensilien. Ein Rosenbouquet hat sich die Schöne an den tiefen Ausschnitt ihres Kleides geheftet, weitere Rosen krönen die Frisur und Hunderte kleiner rosaroter Blüten schmücken die Säume ihres extravaganten, prächtig grünen Kleides. Mehr Rosen dürfte wohl kaum ein Porträtist je in einem Bildnis untergebracht haben. Das Bild gilt uns heute als Inbegriff des Rokoko-Zeitalters, also der Zeit des ausklingenden Barock in der ersten Hälfte des 18. Jahrhunderts bis zum Beginn der Französischen Revolution 1789. Die Marquise präsentiert sich ihrem Betrachter als wohlhabende, modisch gekleidete, stilsichere und belesene Frau in einem kostbar ausgestatteten Boudoir zwischen Büchern, Briefen und Schreibzeug. Sie offenbart sich aber auch als begehrenswerte Geliebte und als liebende Frau. Denn sie war zum Zeitpunkt, als das Bild entstand, die offizielle Mätresse – die sogenannte Maîtresse en titre – des französischen Königs Louis XV. Der kleine Hund zu ihren Füßen symbolisiert die Treue zum geliebten Mann. Das Durcheinander aus Rosen und Schreibfedern auf dem Boden gilt dem Inhalt und dem Adressaten ihrer Briefe. An ihn ist wohl auch der sehnsuchtsvolle Blick gerichtet, mit dem sie für einen Moment von ihrem Buch aufschaut. Die Marquise de Pompadour und ihr Maler Boucher nutzen die Rosen ganz gezielt als Symbol für die sinnlichen Aspekte der Liebe und als Ausdruck für die innige Beziehung des abwesenden Königs zu seiner Mätresse.

Rosenliebe Die aus einfachen bürgerlichen Verhältnissen stammende Jeanne-Antoinette hatte eine – nicht nur für damalige Verhältnisse – ganz erstaunliche Karriere gemacht. Sie wurde in den Adelsstand erhoben, bestimmte die französische Politik der Zeit mit, war geschickt, geduldig und diplomatisch und verstand es immer wieder, den häufig launischen König zu ihren Gunsten zu führen. Sie kam sogar mit der unglücklichen Königin aus und versorgte den König auch nach dem offiziellen Ende der Beziehung mit jungen Geliebten. Eine dieser Frauen war die hübsche Tochter irischer Immigranten aus Rouen. Francois Boucher malte die junge Louise O'Murphy zwei Jahre nach dem prunkvollen Porträt der Marquise. 16 Jahre war sie, als die Marquise sie dem König vorstellte. Auf dem in wunderschönen zarten Farben gemalten Aktporträt ist Louise in einer ganz ähnlichen Situation dargestellt wie die Marquise auf Bouchers großem Bildnis. Hier wie dort wartet eine als begehrenswert inszenierte Frau auf ihren Liebhaber, worauf nicht zuletzt die voll erblühte Rose auf dem Fußboden vor dem Bett verweist, ein diskretes Symbol für die erotischen Attraktionen, die den Liebhaber erwarten. Denn das Bild handelt auch von der erotischen Verfügbarkeit des Frauenkörpers. Einmal mehr steht die Rose stellvertretend für die Bestimmung eines schönen jungen Mädchens, das die Begierde des männlichen Betrachters weckt.

Goethe etwa gebraucht in seinem volksliedhaften Gedicht vom Heidenröslein die Rose als Metapher für eine

Heidenröslein

Sah ein Knab ein Röslein stehn,
Röslein auf der Heiden,
War so jung und morgenschön,
Lief er schnell, es nah zu sehn,
Sah's mit vielen Freuden.
Röslein, Röslein, Röslein rot,
Röslein auf der Heiden.

Knabe sprach: Ich breche dich,
Röslein auf der Heiden!
Röslein sprach: Ich steche dich,
Dass du ewig denkst an mich,
Und ich will's nicht leiden.
Röslein, Röslein, Röslein rot,
Röslein auf der Heiden.

Und der wilde Knabe brach
's Röslein auf der Heiden;
Röslein wehrte sich und stach,
Half ihm doch kein Weh und Ach,
Musst es eben leiden.
Röslein, Röslein, Röslein rot,
Röslein auf der Heiden.

Johann Wolfgang von Goethe
(1749–1832)

Francois Boucher, Madame de Pompadour *(1756), München, Alte Pinakothek*

FOLGENDE DOPPELSEITE

Besonders schön wirkt der Kontrast zwischen den roten Blütenblättern und den leuchtend gelben Staubgefäßen.

Tautropfen auf einer Edelrosenblüte.

junge Frau, die sich gegen die Annäherungen eines Mannes nicht wehren kann. Der Begriff gepflückte oder entblätterte Rose war zudem ein Synonym für jene Frauen, die sich außerhalb der Ehe mit Männern einließen. Mancherorts war «Rose» auch ein beschönigendes Wort für eine Prostituierte; und die Straße, in der sie ihrem Gewerbe nachging, war die Rosengasse.

Auch Boucher greift das Bild von der gepflückten Rose in seinem Porträt auf. Für ihn ist die Rose in erster Hinsicht ein Symbol für die irdisch-sinnliche Seite der Liebe. Um die Mitte und in der zweiten Hälfte des 18. Jahrhunderts entstanden zahlreiche Gemälde, auf denen die erotische Ausdeutung der Rosensymbolik hervorgehoben wird. In dieser Weise setzte auch Jean-Honoré Fragonard das Rosenmotiv auf seinem berühmten Bild «Die Schaukel» von 1766 in der Londoner Wallace-Collection ein. Vordergründig inszeniert der Maler für uns ein galantes Spiel zwischen dem Liebhaber in den Rosenbüschen im Vordergrund und der geliebten Dame im rosa Kleid auf der Schaukel. Der Schwung der Schaukel erlaubt dem Mann einen Blick auf die Beine des geliebten Wesens. Steinerne Putten scheinen das amouröse Treiben im Park zu beobachten und ermahnen den Betrachter zum Stillschweigen. Doch schaut man genau hin, entdeckt man am rechten Rand des Bildes im Schatten der Bäume eine weitere männliche Gestalt, die die Schaukel in Bewegung versetzt. Ahnt er nichts vom amouröse Treiben im Vordergrund oder handelt es sich um den heimlichen Regisseur des Schauspiels? Fragonards Bild gibt keine Antwort auf diese Frage. Auftraggeber des Bildes war jedenfalls ein französischer Baron, der sich auf dem Bild selbst mit seiner damaligen Geliebten dargestellt sehen wollte. Die Figur hinter der Schaukel meint den Ehemann der Dame, die ihrem Liebhaber in ihrem überirdisch erstrahlenden rosigen Kleid vor dem graugrünem Hintergrund ganz und gar wie ein himmlisches Wesen erscheint. Fragonards und Bouchers Rosenbilder heben sich mit ihrer heiter-erotischen Botschaft deutlich ab von der pessimistisch gestimmten Rosensymbolik auf den Blumenbildern im 17. Jahrhundert. Wohl erinnerte die Rose dort ebenfalls an Liebe, Schönheit und Venus. Doch hoben die Stilllebenmaler vor allem das Flüchtige und Vergängliche von Liebeserlebnis und Sinneswahrnehmung hervor. Sie lenkten den Betrachterblick gezielt auf das Lebensende und die unvermeidlichen Konsequenzen irdischen Handelns im Hinblick auf das christliche Heilsversprechen.

Um 1780 malte die junge und erfolgreiche Pariser Porträtistin Elisabeth Vigée-Le Brun (1755–1842) ein Bild der letzten Königin von Frankreich, Marie Antoinette, mit einem kleinen Rosenstrauß in der Hand. Es ist nicht Vigée-Le Bruns erstes Porträt der Monarchin und sicherlich auch nicht ihr anspruchsvollstes Werk. Dennoch verursachte dieses Bildnis bei seiner öffentlichen Ausstellung in Paris einen derartigen Skandal, dass man es abhängen musste. Die Königin hat das Porträt trotz des Eklats als eines ihrer liebsten Bildnisse betrachtet. Sie beauftragte die Malerin mit der Anfertigung mehrerer Kopien, die sie an befreundete Adelsfamilien verschenkte. Doch warum konnte dieses Bild nur zu einem derartigen Skandal werden? Motivisch folgt Vigée-Le Brun dem Typus einer nach rechts gewendeten weiblichen Halbfigur mit Rosen in der Hand und einer Vase im Hintergrund. Die Königin trägt einen federgeschmückten Strohhut und ein schlichtes weißes Kleid. Und genau dort lag auch das Problem des damaligen Publikums, als es das Porträt der Königin von Frankreich in der Ausstellung sah: Die Königin trägt nämlich ein Kleid jenseits aller offiziellen Kleidervorschriften. Das Bild zeigt eine Königin, die von höfischer Etikette genug hat und sich einer großen Öffentlichkeit in ganz privater Kleidung präsentiert. Ein Anblick, der damals allein Familienangehörigen oder engsten Freunden vorbehalten war. Solche Kleider trug Marie Antoinette in ihrem Schloss Petit Trianon im Park von Versailles. Ursprünglich als Schloss für die Marquise de Pompadour errichtet, war das Petit Trianon für Marie Antoinette ein Rückzugsort von den königlichen Pflichten und Verhaltensvorschriften. Ein ganzes Bauerndorf hatte sie im Park errichten lassen, um dort gemeinsam mit Freundinnen, Hofdamen und Kindern das ländliche Leben nachzuspielen. Das Kleid auf ihrem Porträt ist das Kostüm für die Flucht in eine ganz und gar künstliche Idylle. Die Rosen in der Hand schildern die Königin als schöne Gärtnerin in der Art der damals beliebten Verklärungen des ländlichen Lebens. Sie deuten aber auch an, dass die Königin Blumen über alles liebte. Die Rosen stehen stellvertretend für die Suche der Königin nach Schönheit, Ruhe und Frieden, die sie in der Abgeschiedenheit des Petit Trianon fand.

78

Elisabeth Vigée-Le Brun, Porträt der Marie Antoinette (um 1780), Ausschnitt, *Kronberg, Hessische Hausstiftung*

Boucher, Fragonard und Vigée-Le Brun bilden vor allem «Roses des peintres», also Formen der Rosa x centifolia ab. Im Verlauf des 17. Jahrhunderts breitete sich die Art von den Niederlanden rasch über die europäischen Gärten aus und gehörte bald zu den beliebtesten Rosen.

Vor allem in Frankreich entstanden viele Sorten, so 1725 «Unique Blanche» mit weißen Blüten, 1789 die hellrosafarbige «De Meaux» und 1801 die dichtgefüllte rosige «Bullata». Anfang des 19. Jahrhunderts gab es über hundert verschiedene Centifolienformen. Noch in der Mitte des Jahrhunderts war sie in Mitteleuropa eine der häufigsten Gartenrosen. Später wurde sie mehr und mehr zurückgedrängt durch eine erdrückende Zahl neuer Züchtungen. Um 1900 zählte sie bereits zu den altmodischen Gartenrosen. Heute wird sie – von Spezialsammlungen einmal abgesehen – kaum noch gepflegt. Ob Marie Antoinette sich gezielt für die Anpflanzung bestimmter Rosen im Park um das Petit Trianon interessiert hat, ist nicht bekannt. Für eine ihrer Nachfolgerinnen hingegen wurde das Sammeln und die Zucht von Rosen zur Leidenschaft und zur Lebensaufgabe.

Rosenknospen einer pink-
farbenen Strauchrose

Rosen für Botaniker und Züchter
Kaiserin Joséphines Rosengarten und die Folgen

Ein Holländer in Paris 1783, in dem Jahr, in dem Elisabeth Vigée-Le Brun dem geschockten Kunstpublikum ihr Porträt der Königin von Frankreich präsentierte, zeigte der holländische Blumenmaler Gerard van Spaendonck (1746–1822) in derselben Ausstellung ein Blumenstillleben. Doch ganz anders als Vigée-Le Brun hatte van Spaendonck mit der Darstellung einer Alabastervase, einem Blumenkorb und einem Vogelnest großen Erfolg beim Pariser Ausstellungspublikum. Mehrere Kopien des Werks belegen dessen Beliebtheit bis weit ins 19. Jahrhundert hinein. Zu bewundern sind auf der kunstvoll ineinander verwobenen Komposition Centifolien in verschiedenen Größen und Farben und eine vollerblühte Albarose rechts neben dem Tulpenstiel. Pfingstrosen, Glockenblumen, eine mächtige Kaiserkrone, Anemonen, Schlafmohn, Jasmin, Rittersporn und andere dekorative Blütenpflanzen bereichern die prachtvolle Inszenierung im Geschmack des 18. Jahrhunderts. Wie zuvor bereits van Aelst oder van Huysum hat auch van Spaendonck auf seinem Bild zu unterschiedlichen Zeiten blühende Gartenblumen in einer beinahe dschungelartig wirkenden Darstellung versammelt. Wir wissen, dass van Spaendonck die Bilder Jan van Huysums sehr verehrte, was man der Bildkomposition, der dramatischen Beleuchtung, der aufgehellten Farbpalette und der detailverliebten Wiedergabe von Blüten und Blättern durchaus anmerkt.

Weiße Rosen wirken besonders edel in Kombination mit anderen weißen Blüten.

Das prächtige Blumenbild beweist, dass der Künstler ein überaus begabter Maler und Zeichner gewesen ist. Ihm gelang es auf unnachahmliche Weise, den besonderen Charakter und Reiz eines Gewächses einzufangen und auf den Bildern zu neuem Leben zu erwecken. Nichts wirkt bei ihm starr oder steif. Auf dem Stillleben erscheinen die farbenfrohen Blüten sorglos zusammengesteckt. Im Zusammenspiel mit den kunstvoll gestalteten, polierten Marmorsockeln und der Alabastervase bieten sich dem Betrachter jedoch aufregende Kontraste zwischen den lebendig wirkenden Pflanzen und totem Stein. Die Gegensätze zwischen Bewegung und Ruhe, leuchtenden Farben und gedeckten Tönen bestimmen van Spaendoncks Komposition. Die raffinierte perspektivische Gestaltung des Blumenarrangements verleiht dem Bild zudem eine Spannung und Dramatik, wie man sie sonst eher von Figurenbildern kennt. So scheinen die perspektivisch verkürzt dargestellten Centifolien und die gelb-violette Tulpe über die Bildgrenze hinaus in den Bildraum des Betrachters zu wachsen. Tautropfen auf den Fiederblättern der Centifolie und deutliche Schlagschatten an der Sockelkante verwischen die Grenzen zwischen Bild- und Betrachterraum. Sie lassen die kunstvoll gemalten Rosen wirklich erscheinen. Kunsthistoriker nennen solche raffinierten optischen Spielereien «trompe l'œil» – also Augentäuschung. Trompe l'œil-Effekte gehörten zum Handwerkszeug aller guten Stilllebenmaler des 17. und 18. Jahrhunderts. Kein Wunder, dass van Spaendoncks Mal- und Zeichenunterricht am Jardin du Roi in Paris, an dem er lehrte, bei seinen zahlreichen Schülern sehr geschätzt wurde.

Pierre-Joseph Redouté und die Rosen von Joséphine

Van Spaendoncks berühmtester Schüler war Pierre-Joseph Redouté (1759–1840). Redouté vervollkommnete in seinen eigenen Arbeiten die technischen Raffinessen seines Lehrers und machte sie einem Massenpublikum zugänglich. Redouté stammte aus den belgischen Ardennen. 1782 kam er nach Paris, wo er zunächst als Bühnenmaler arbeitete, aber bereits nebenbei begeistert Pflanzen zeichnete. Van Spaendonck wurde auf den talentierten jungen Künstler in seinen Malkursen aufmerksam und machte ihn zu seinem Assistenten. Von van Spaendonck lernte Redouté auch die Technik der Wasserfarbenmalerei mit deckenden Farben, auch Gouachemalerei genannt. Bald wurde der begabte junge Mann zum Zeichner der Königin Marie Antoinette bestellt. Der Titel war zwar nicht mit einem Gehalt verbunden, doch erhielt er auf diese Weise Zugang zum Petit Trianon und damit zum intimeren Kreis um die Königin. Geld verdiente er mit einer Stelle als wissenschaftlicher Zeichner an dem zum Jardin du Roi gehörigen naturhistorischen Museum. Wie sein Lehrer van Spaendonck überstand auch Redouté die Revolutionswirren relativ unbeschadet. Verschiedene naturkundliche Projekte, einige davon auch im Ausland, gehörten zu den Tätigkeiten, denen er in dieser Zeit nachging.

Redoutés wichtigste Schaffenszeit brach jedoch an, als Napoleon Bonaparte, der Erste Konsul von Frankreich, und dessen erste Ehefrau und spätere Kaiserin Joséphine (1763–1814) im Jahr 1798 das Schloss Malmaison südlich von Paris erwarben und zu ihrem Hauptwohnsitz machten. Die aus Martinique gebürtige Marie Josèphe Rose Tascher de la Pagerie interessierte sich sehr für Botanik und Gartenbau. Schon bald wurde die Anlage und Ausgestaltung des Gartens von Malmaison zu ihrem persönlichen Anliegen. Der französische Künstler Hector Viger du Vigneau hat viele Jahre nach Joséphines Tod ein Bild der Kaiserin in Begleitung ihres Gemahls und weiterer Personen gemalt. Das Gruppenbildnis verrät uns, wie die

französische Öffentlichkeit die Kaiserin noch lange Zeit nach ihrem Tod einschätzte. Das Bild trägt den anspielungsreichen Titel «La Rose de la Malmaison», wobei mit der Rose von Malmaison natürlich in erster Linie Joséphine gemeint ist, der man später den Beinamen «Rosenkaiserin» verlieh. Der Maler hat jedoch nicht allein die Kaiserin mit Rosen geschmückt. Tatsächlich sind überall auf dem Bild Rosen zu entdecken, die Joséphines besondere Leidenschaft verbildlichen.

Denn Joséphine trug in Malmaison schöne und seltene Pflanzen aus aller Welt zusammen, sodass der Park schon bald eher einem botanischen Garten als einem herkömmlichen herrschaftlichen Anwesen glich. Bedeutende Fachleute kümmerten sich um die wissenschaftliche Erschließung der gesammelten Gewächse und sorgten unermüdlich für Nachschub. Dazu zählte etwa der Arzt, Botaniker, Forschungsreisende und Begleiter Alexander von Humboldts Aimé Jaques Alexandre Goujaud, genannt Bonpland (1773–1858). Nach der Rückkehr von Humboldts Südamerikareise ernannte Joséphine Bonpland zu ihrem Privatbotaniker in Malmaison. Redouté wurde die Aufgabe übertragen, die pflanzliche Pracht von Malmaison in wunderschönen Bildern festzuhalten. Ausgestattet mit einem großzügigen Jahresgehalt und freiem Zugang zu allen gärtnerischen Anlagen und den Gewächshäusern begann Redouté damit, Vorlagen für mehrere prachtvolle Bildbände zu malen, in denen die ganze Vielfalt der in Malmaison kultivierten Gewächse dargestellt ist. Joséphines besonderes Interesse galt jedoch den Rosen. 1804, in dem Jahr, in dem sie zur Kaiserin gekrönt wurde, begann sie mit der Anlage ihres Rosengartens, in dem sie alle damals bekannten Sorten versammelte. Diese Rosen sind in Redoutés bekanntester Arbeit «Les Roses» abgebildet, einem opulenten Bilderbuch mit wissenschaftlichem Kommentar. Redoutés Meisterwerk über die Rosen von Malmaison umfasst drei Bände mit insgesamt 170 Tafeln. Veröffentlicht wurde es jedoch erst nach Joséphines Tod zwischen 1817 und 1824. «Les Roses» war sehr erfolgreich und konnte bereits kurz nach Erscheinen mehrfach nachgedruckt werden. Das Rosenbuch enthält Bilder von den seit Jahrhunderten bekannten wilden Rosenarten und Gartenrosen. Zu bewundern sind etwa die gestreifte Rosa gallica versicolor oder die York und Lancaster-Rose. Redoutés zarte Porträts der Centifolien

Damaszenerrose aus «Les Roses» von Pierre-Joseph Redouté (um 1820), London, Königliche Botanische Gärten Kew

vermitteln einen Eindruck von der gärtnerischen Vielfalt gerade dieser Art in den Gärten um 1800. Die gelben Rosen Rosa foetida und Rosa hemisphaerica fehlen ebenso wenig wie die begehrten, neu eingeführten asiatischen Rosen und deren Zuchtformen, die zu Redoutés Zeit gerade neu entstanden.

Redoutés Rosendarstellungen sind berühmt für ihre botanisch korrekten Details. Dabei hat sich der Maler jedoch ausschließlich auf Blüte und Laub konzentriert. Knospen, manchmal auch Blüten ohne Blütenblätter und die Hagebutten der Wildrosen zeigt er detailgenau. Darstellungen des gesamten Strauchs oder gar dessen Wurzeln sucht man auf seinen Blättern hingegen vergebens. Dies unterscheidet ihn etwa von den Darstellungen im spätantiken «Dioskurides», den mittelalterlichen Kräuterbüchern oder den Illustrationen in modernen botanischen Fachbüchern, in denen diese für die Bestimmung der Pflanze so wichtigen Einzelheiten natürlich nicht fehlen dürfen. Auf jeder einzelnen Tafel von «Les Roses» steht der wissenschaftliche Name der Rose und ihre Populärbezeichnung in französischer Sprache geschrieben. Zudem wird in der linken unteren Ecke Redouté als Maler genannt, auf der gegenüberliegenden Seite ist der Name des Stechers verzeichnet, der Redoutés Vorlage für den Druck übertragen hat.

Redoutés Rosenbilder bestechen durch ihre besondere Ästhetik, die sie über rein wissenschaftliche Illustrationen der Zeit heraushebt. Bis heute werden Redoutés Rosenbilder auf einer ungeheuren Vielzahl von Produkten vermarktet. Gerade im englischsprachigen Raum erscheinen seine Rosen auf Briefpapier, Küchenhandtüchern, Tapeten, Kunstdrucken, Bleistiften und vielen anderen Objekten. Doch erst durch die Vervielfältigung der zarten Wasserfarbkunstwerke in der Druckwerkstatt konnten die Arbeiten den weiten Kreisen bekannt werden, die seine Arbeit zu einem zeitlosen Klassiker machten. Schaut man sich die Originaldrucke genauer an, so kann man feststellen, dass die Blätter wohl zwei- bis dreifarbig gedruckt wurden und dass man sie später noch einmal von Hand mit Wasserfarben überarbeitet hat. Der samtige Glanz der Blütenblätter, das leuchtend frische Grün und das vielfältige Spiel von Licht und Schatten auf den Oberflächen ist in den Drucken bereits angelegt, bekommt durch die zusätzlichen Farbtupfer jedoch einen

ganz eigenen Charakter, der zu der besonderen Qualität von Redoutés Rosenbildern beiträgt.

Redouté schuf seine Prachtbände über die Gewächse von Malmaison im Auftrag für eine botanisch interessierte Mäzenin, die Zeit und Geld genug hatte, um manchmal sogar Jahre zu warten, bis sie das fertige Ergebnis in Händen halten konnte. Zudem wurde Redouté, der selber ja kein Botaniker war, von den in Malmaison tätigen Pflanzenkundlern in seiner Arbeit unterstützt und beraten. Das Ergebnis dieser einzigartigen Zusammenarbeit sind Bilder von Rosen, die sowohl wissenschaftlichen als auch künstlerischen Ansprüchen in jeder Beziehung genügen.

Souvenir de la Malmaison Bis zu ihrem Tod 1814 konnte Joséphine im Schlosspark von Malmaison rund 250 Rosenarten und -sorten zusammentragen: 167 Gallicarosen, 27 Centifolien, 3 Moosrosen, 9 Damaszenerrosen, 22 chinesische Rosen, 4 Rosa pimpinellifolia, 8 Albasorten und 3 Foetidasorten konnte man in Joséphines Garten zählen. Außerdem wuchsen dort die Wildrosen Rosa moschata, R. alpina, R. banksiae, R. laevigata, R. rubrifolia, R. rugosa, R. sempervirens und R. setigera. Das sind alle erhältlichen Rosensorten der damaligen Zeit, von denen nicht wenige heute immer noch oder wieder in Kultur sind.

Joséphines Begeisterung und ihr ernsthaftes wissenschaftliches Interesse an Botanik und Gartenbau führte dazu, dass man schon bald neue Arten nach ihr benannte, und natürlich tragen auch Rosen ihren Namen. Redouté bildete in seinem Prachtwerk etwa eine üppige rote Rosa x francofurtana ab, die später den Beinamen «L'Impératrice Joséphine» erhielt. Die heute noch bekannte und beliebte hellrosa Bourbonrose «Souvenir de la Malmaison» wurde hingegen erst 1843 von einem französischen Züchter auf den Markt gebracht. Der poetische Name geht auf eine legendäre Begegnung der 1810 geschiedenen Kaiserin mit dem Zaren Alexander I. von Russland zurück. Der Herrscher besuchte die einsame Frau in Malmaison und versuchte sie zu trösten. Zum Abschied soll Joséphine Alexander eine Rose mit den Worten «Souvenir de la Malmaison» – Erinnerung an Malmaison – überreicht haben.

Rosa indica «Souvenir de la Malmaison», Die Rose, Komlosy Ferenztöl *(1872), Stuttgart, Württembergische Landesbibliothek*

Joséphine gab viel Geld aus, um ganz bestimmte Gewächse aus Spezialgärtnereien überall in Europa zu beziehen. Während der napoleonischen Kriege veranlasste sie sogar, dass man gekaperte Schiffe gezielt nach Pflanzen und Sämereien durchsuchte. 1809 gelangte aus Kanton eine bislang unbekannte Rose aus China nach England – die «Rosa indica odorant». Die Engländer nannten sie «Hume's Blush Tea-scented China», also die «rosige, nach Tee duftende Chinarose». Natürlich war Joséphine an dieser neuen Rose für den Garten von Malmaison interessiert. Trotz der Spannungen zwischen England und Frankreich trafen die britische und französische Regierung eine Sondervereinbarung, um eine solche Chinarose für Malmaison zu beschaffen. Und selbstverständlich hat Redouté sie für «Les Roses» gemalt. Der Botaniker Bonpland bemühte sich wiederum um Pflanzen aus den botanischen Gärten von Schönbrunn und Berlin, obwohl man sich mit beiden Ländern im Krieg befand oder befunden hatte. Von der Schwägerin Catherine, die mit Napoleons Bruder Jérôme verheiratet war, erhielt Joséphine neue Rosen von Schloss Wilhelmshöhe in Kassel.

Die auflaufenden Rechnungen bezahlte Kaiser Napoleon auch nach der Scheidung von Joséphine. Riesige Schuldenberge soll seine ehemalige Gattin bis zu ihrem Tod angehäuft haben, um den Garten nach ihren extravaganten Wünschen und Vorstellungen zu gestalten. Nach Joséphines Tod mussten, um die Gläubiger auszuzahlen, große Teile ihres Besitzes verkauft werden. Schloss und Garten von Malmaison gingen aber zunächst in den Besitz ihrer beiden Kinder aus erster Ehe über. Aimé Bonpland konnte in Malmaison noch bis 1817 bleiben und sich um den Garten kümmern. Doch nach dem Ableben von Joséphines Sohn ging Malmaison in fremde Hände über. In der Folgezeit verfiel es, während des deutsch-französischen Krieges 1870/71 wurde es geplündert. 1904 erwarb der französische Staat Malmaisonund richtete es als Museum ein, das dem Andenken Napoleons gewidmet ist. Der öffentlich zugängliche Schlosspark erinnert zwar noch an die Kaiserin, und einige ihrer geliebten Rosen sind ebenfalls zu bewundern, doch von ihrer einzigartigen Sammlung ist nicht mehr viel geblieben.

1912 fasste der bedeutende französische Rosenkenner Jules Gravereux den bemerkenswerten Entschluss, für seinen Rosengarten L'Hay les Roses im Departement

Die Bourbonrosen sind eine Hybride aus einer Chinarose und der im Herbst blühenden Damaszenerrose.

Val-de-Marne all diejenigen Rosen aufzuspüren, die zur Zeit der Kaiserin in Malmaison wuchsen. Es gelang ihm tatsächlich, 198 Arten und Sorten zusammenzutragen, die heute noch in dem «Rosenallee von Malmaison» genannten Teil des Parks zu bestaunen sind. Gravereux' Garten ist die älteste europäische Rosensammlung und gilt vielen als der schönste französische Rosengarten überhaupt. Er ist auch für Besucher geöffnet. 3500 Rosenarten und -sorten sind heute in seinen Mauern versammelt. Joséphines Begeisterung für die Rosen wirkte über ihren Tod hinaus und war letztlich von großer Bedeutung für Zucht und Kultur von Rosen in ganz Frankreich. Fünf Jahre bevor Joséphine mit der Planung ihres Rosengartens begann, boten führende Gärtnereien in Paris gerade einmal um die 100 verschiedene Arten und Sorten an. 20 Jahre nach ihrem Tod standen auf den Verkaufslisten der Gärtnereien bereits über 2500 Varietäten, und um 1900 verzeichnete die Rosensammlung in L'Hay les Roses 3000 verschiedene Spezies. Tatsächlich war Frankreich im 19. Jahrhundert die Heimat der besten und wichtigsten Rosenzüchtereien in Europa. Von hier aus wurden neue Züchtungen in die ganze Welt verschickt. Die einzelnen Züchter wetteiferten untereinander in der Zucht neuer Gallicas, Alba- und Damaszenerrosen, später auch Moos- und Teerosen. Erst nach dem Ersten Weltkrieg konnten englische, irische oder deutsche Züchter den Status ihrer französischen Vorgänger erreichen.

Neues aus Asien Im 18. Jahrhundert begannen international tätige Kaufleute und Kapitäne der East-India Company und ähnlicher Handelsgesellschaften, vermehrt chinesische Gartenrosen nach Europa zu importieren. Für die Leidenschaft, mit der damals die Suche nach neuen Arten und das Sammeln von Pflanzen betrieben wurde, gibt es mehrere Gründe: Zum einen versuchte man, bereits bestehende wissenschaftliche Sammlungen durch bisher unbekannte Arten zu ergänzen. Zum anderen waren Rosen in den Gärten Europas bei wohlhabenden Sammlern höchst begehrt. Denn das Interesse an Botanik und Gartenkunst entwickelte sich Verlauf des späteren 18. Jahrhunderts zu einer regelrechten Massenbewegung, die von Kaiserinnen, Königen und Gelehrten zum Adel bis hin in die bürgerlichen Schichten getragen

wurde. Unzählige Gartenbücher erschienen in dieser Zeit, die über die wachsende Zahl von Neuentdeckungen, über Pflege und Zucht bewährter Arten und berühmte Gärten wie die von Malmaison informierten. Sogar Gartenbücher, die sich speziell an ein weibliches Publikum richteten, gab es damals schon. So wurde auch der Import und der Handel mit Neuheiten aus dem Reich der Rosen ein lukratives Geschäft, an dem viele verdienen konnten.

Die begehrten Rosen aus China stammten entweder aus Gärten um die Hafenstadt Kanton oder aus dem indischen Kalkutta, wohin diese Rosen vom Reich der Mitte gekommen waren, weshalb man sie auch als «Bengalrosen», Rosa bengalensis oder Rosa indica, bezeichnete. Ihr korrekter wissenschaftlicher Name lautet heute jedoch Rosa chinensis. Bei diesen Rosen handelt es sich um ganz unterschiedliche Sorten, die in China bereits seit Jahrhunderten in gärtnerischer Kultur waren. So erreichte 1789 eine dunkelrot blühende Monats- oder Bengalrose England, die 1794 als Rosa semperflorens – als immerblühende Rose – beschrieben wurde. Als Rosa indica und «Bengalische Rose mit blutroten Blütenblättern» hat Redouté die exotische Schöne in «Les Roses» verewigt.

Ebenfalls ursprünglich in China heimisch war die bereits erwähnte Teerose (Rosa x odorata). Sie ist eine Naturhybride zwischen Rosa chinensis und der cremefarbenen, in Südchina beheimateten Kletterrose Rosa gigantea. In China wurde Rosa x odorata seit jeher in vielen Sorten in den Gärten gepflegt. Erste Sträucher kamen zu Beginn des 19. Jahrhunderts zunächst nach England. Darunter war auch die unter politischen Sonderkonditionen Joséphines Rosengarten einverleibte «Hume's Blush Tea-Scented China». Der Duft dieser Rose erinnert an zerriebene Teeblätter, sodass man sie zunächst als «Teeduft-Rose», später dann einfacher als «Teerose» bezeichnete. 1824 trafen auch erste hellgelb blühende Formen der Teerose in England ein.

Die chinesischen Rosen waren in den europäischen Gärten nicht zuletzt deshalb so begehrt, weil sie im Unterschied zu fast allen bisher kultivierten Gartenrosen kontinuierlich von Juni bis zum ersten Frost blühten. Bis auf die herbstblühende Damaszenerrose hatte es lange Zeit für viele Rosenliebhaber nur viel zu kurz und einmal blü-

Philip Hermogenes Calderon,
Gloire de Dijon (1877),
Hamburg, Kunsthalle

hende Rosen gegeben. Doch waren die Teerosen aufgrund ihrer tropischen und subtropischen Herkunft sehr frostempfindlich und wurden meist in Gewächshäusern gehalten. Findige Züchter begannen daher bald, winterharte Gartenrosen einzukreuzen, um die Frostempfindlichkeit der begehrten Teerosen zu verringern. Dennoch benötigen viele Sorten auch heute noch einen Winterschutz und überstehen harte lange Winter nicht in jedem Fall. Durch Auslese und später auch durch gezielte Kreuzungen entstand eine wachsende Anzahl von Sorten der Chinarosen und Teerosen. Die Farbpalette reichte von Weiß über alle Schattierungen von Rosa, Hellrot bis hin zu Violett und Gelb. Besonders begehrt waren bei den Liebhabern – wen wundert es – Sorten, die in Frankreich gezüchtet worden waren.

Der französische Maler Philip Hermogenes Calderon hat 1877 das Bild «Gloire de Dijon» gemalt, das das gärtnerische Selbstverständnis französischer Rosenzüchter widerspiegelt und die Vielfalt der französischen Rosen bebildert. Eine junge hübsche Frau, die durchaus auch etwas mit dem Ruhm von Dijon zu tun haben könnte, präsentiert eine Auswahl unterschiedlich geformter und gefärbter Rosenblüten. Der Bildtitel bezieht sich jedoch zuallererst auf eine noch heute sehr beliebte Kletterrose gleichen Namens. 1853 entstand die Rose «Gloire de Dijon» als Produkt der Kreuzung zwischen einer Teerose und der blassrosa Bourbonrose «Souvenir de la Malmaison». Die Gruppe der Bourbonrosen entstand als Naturhybride aus einer rosablühenden Chinarose und der herbstblühenden Damaszenerrose. Ihren Namen hat sie von der Ile de Bourbon, der heutigen Ile Réunion, auf der französische Siedler ihre Felder mit Rosenhecken umpflanzten. Redouté hat eine dunkelrosarote «Rosier de L'Ile de Bourbon» auf den Seiten seines Meisterwerks dargestellt. «Gloire de Dijon», die berühmte Verwandte der Bourbonrose, wird bis zu 4 m hoch. Sie schmückt sich den ganzen Sommer über mit großen, verschwenderisch duftenden Blüten, deren Farbe in allen Tönen zwischen Gelb, Apricot und Lachsrosa changieren kann. Calderon hat sie in dem Blumenkorb wohl auf der rechten Seite vorne untergebracht.

Die großen, leuchtend gelben Blüten links im Korb gehören sehr wahrscheinlich zu einer anderen, im 19. Jahrhundert ebenfalls begehrten Züchtung mit dem Namen

«Maréchal Niel». Sie kam 1864 in den Handel. Es handelt sich um eine Kletterrose mit wunderbarem Teerosenduft, die damals wegen ihrer geringen Frosthärte gerne in Gewächshäusern angepflanzt wurde. Zu Maréchal Niels Eltern gehört eine Teerose und die Noisetterose, die ihrerseits als Hybride aus einer rosablühenden Chinarose und der Moschusrose gilt. Vermehrt wurde diese Kreuzung erstmals von Philippe Noisette, der sie 1817 an seinen Bruder Louis Noisette schickte. 1821 wurde die neue Schöne von Redouté in «Les Roses» als «Rosa noisettiana» verewigt und war bei Gärtnern bald sehr beliebt. Unter den Namen «Blush Noisette» oder «Rosier de Philippe Noisette» ist die alte Sorte heute immer noch in Kultur und soll für den Kübel gut geeignet sein. Sie treibt zuverlässig rosa Blüten bis weit in den Herbst. Seit 1825 wurden durch Einkreuzen weiterer Rosensorten eine größere Anzahl solcher Noisetterosen gezüchtet.

Und noch mehr neue Rosen Seit dem Beginn des 19. Jahrhunderts gelangten unablässig neue Rosenarten nach Europa, die von den begeisterten Züchtern zunächst vermehrt und später selbst zum Ausgangsmaterial für Kreuzungsexperimente wurden. Farbe, Duft, Form, aber auch die Frostempfindlichkeit vieler asiatischer Rosen waren Merkmale, denen sich die Rosenliebhaber immer wieder aufs Neue in züchterischen Versuchen annahmen. Verglichen mit den vielen Jahrhunderten zuvor, in denen verhältnismäßig wenige europäische Wildrosen, Gallica-, Alba- und Damaszenerrosen oder Centifolien die Welt der Rosenliebhaber bestimmten, brach mit dem 19. Jahrhundert endgültig das goldene Zeitalter der Rosenzüchter an.

So wurden die Zwergformen der japanischen Büschelrose (Rosa multiflora) zum Ausgangspunkt der Polyantharosen, deren Züchtung um 1875 in Frankreich begann. Sie zeichnen sich durch kleine Blüten in großen Büscheln aus und waren damals sehr erfolgreich. «Paquerette» war die erste Sorte, die aus den Züchtungsbemühungen entstand, eine niedrige Rose mit dichten Büscheln kleiner, gefüllter weißer Blüten, die immer noch im Fachhandel zu erwerben ist. Die Polyantharosen waren zwar außerordentlich erfolgreich, doch entwickelten sie in vielen Fällen nur kleine und wenig elegante Blüten. Ein dänischer Züchter kreuzte daher Polyantharosen mit Teehybriden und brachte so die Floribundarosen hervor. Sie tragen an jedem Stängel mehrere, oft ausgesprochen farbintensive Blüten. Als erste Züchtung gilt die 1908 in Deutschland entstandene Sorte «Gruß an Aachen». Später kreuzte man Floribundarosen erneut mit Teehybriden und erhielt die sogenannten Grandiflorarosen. Die erste und bekannteste Sorte dieser Gruppe ist die 1954 in den Handel gekommene «Queen Elisabeth».

Doch zurück ins 19. Jahrhundert: Um 1800 tauchten in Italien scharlachrot blühende Hybridrosen auf, die aus einer Kreuzung zwischen einer Damaszenerrose und einer winterharten Chinarose oder der Apothekerrose hervorgegangen waren. Die italienreisende Herzogin von Portland konnte sich für die neue Schöne begeistern. Als «Duchess of Portland» gelangte das Gewächs nach England und wurde zum Ausgangsmaterial der um die 150 Sorten umfassenden Gruppe der Portlandrosen. Diese waren in der ersten Hälfte des 19. Jahrhunderts sehr beliebt, sind aber bis auf wenige Ausnahmen, wie etwa die süß duftenden, rosa blühenden Sorten «Jaques Cartier» und «Comte de Chambord», die in den sechziger Jahren des 19. Jahrhunderts in Frankreich gezüchtet wurden, kaum noch in Kultur.

Bedeutsam für die Geschichte der Rosenzüchtungen sind die Portlandrosen jedoch als Elternteil für die sogenannten Remontantrosen. Sie sind das Bindeglied zwischen den alten und den modernen Rosen, fast alle wichtigen Rosengruppen sind an ihrer Entstehung beteiligt. Im Unterschied zu vielen anderen Rosen, die ja nur einmal blühen, öffnen Remontantrosen ihre Blüten bis in den Herbst und sind dazu noch relativ winterhart – ein Vorteil gegenüber den ebenfalls öfters blühenden, aber frostempfindlichen Teerosen. 1835 wurden die Remontantrosen aus der Kreuzung zwischen Portland- und Bourbonrosen, unter Beteiligung von China- und Gallicarosen, entwickelt. Bis zum Ende des 19. Jahrhunderts waren Remontantrosen sehr beliebt und wurden gerne auf Rosenausstellungen gezeigt. Insgesamt soll es rund 4000 Sorten gegeben haben, von denen aber heute nur noch wenige existieren. «Princesse Hélène» gilt als die erste Sorte dieser Gruppe. Die robusten Sträucher wachsen gedrungen, tragen dafür aber große, meist gefüllte und intensiv duftende Blüten.

Zweifarbige Rosen sind ein besonderer Blickfang.

FOLGENDE DOPPELSEITE
Rosen gibt es in den unterschiedlichsten Blütenformen.

Remontant-Rose «General Jaquemont», Die Rose, *Komlosy Ferenztöl (1872), Stuttgart, Württembergische Landesbibliothek*

Als man schließlich Remontantrosen mit Teerosen kreuzte, entstanden die bekannten Teehybriden. Als ihr Prototyp gilt die 1867 vorgestellte Sorte «La France». In der Folgezeit wurde die Gruppe der Teehybriden ständig verbessert und erweitert, sodass diese heute auch als «Edelrosen» bezeichnete Rosenklasse zur beliebtesten und sortenreichsten überhaupt wurde, die in den allermeisten Privatgärten bis zum heutigen Tag vorherrscht. Teehybriden gibt es in beinahe jeder Farbe, abgesehen von blau oder schwarz. Ihre klassisch schönen Blüten wachsen einzeln oder in Dreier- oder Vierergruppen auf eine Höhe von 1–1,5 m heran. Eine der erfolgreichsten Sorten ist gewiss die in vielfarbigen Pastelltönen leuchtende, sehr robuste und pflegeleichte «Gloria Dei». Sie ist seit 1945 die Freude unzähliger Gärtner und gilt als die meistverkaufte Gartenrose aller Zeiten.

Rosen malen nach Redouté Und wie sieht es mit den Bildern von Rosen in der Kunst des 19. Jahrhunderts aus? Die Begeisterung der Gartenfreunde für die schönen Sträucher und die stetig wachsende Zahl von Neueinführungen und Züchtungen sollten sich doch auch in der Malerei bemerkbar machen. Tatsächlich ist das 19. Jahrhundert aber auch in Hinblick auf die bildnerische Darstellung von Rosen eine Zeit des Umbruchs. Die vielen neuen Rosenarten und Züchtungen wurden in der Tafelmalerei kaum noch berücksichtigt. Selbstverständlich waren Rosen weiterhin ein Thema in der Kunst, jedoch zunehmend weniger als Gegenstand wissenschaftlichen und künstlerischen Interesses zugleich, wie wir dies in der Malerei der vorangegangenen Jahrhunderte beobachten konnten. Gerard van Spaendonck, Jan van Huysum oder auch Simon Holtzbecker malten Blumenbilder, die zugleich den wissenschaftlichen Ansprüchen der Kenner genügten, aber auch Kunstsammler ohne botanisches Interesses begeistern konnten. Ein Maler wie van Spaendonck konnte im 18. Jahrhundert gleichzeitig Blumenbilder auf Kunstausstellungen zeigen und als wissenschaftlicher Zeichner arbeiten. Der jüngere Redouté hingegen konzentrierte sich bereits ganz auf die Herstellung von Büchern mit wissenschaftlichem Anspruch, kein Tafelbild ist von seiner Hand überliefert. Er lässt sich eindeutiger noch als seine Vorgänger in die lange Tradition bota-

nischer Fachmalerei für wissenschaftliche Zwecke einreihen.

Das Malen von Blumen als freie Kunst und die Herstellung von Illustrationen zu vornehmlich wissenschaftlichen Zwecken gingen im 19. Jahrhundert zunehmend unterschiedliche Wege. Der englische Kunst- und Gesellschaftskritiker John Ruskin (1819–1900) wagte sogar die Bemerkung, dass es wohl eine Tradition der botanischen Illustratoren und speziellen Blumenmaler gäbe. Die großen Meister hingegen hätten Blumen nur als Beiwerk, als Accessoire gemalt. Unter ihren berühmtesten Arbeiten wäre kaum eine Studie zu finden, die um ihrer selbst willen entstanden ist. So provozierend Ruskins Beobachtung klingt, so ist es doch zumindest teilweise richtig gesehen. Von den Blumenstillleben einmal abgesehen waren Rosen immer nur ein wundervoll gemaltes Detail, das als Symbol zum Verständnis des Bildes beitragen sollte. Selbst bei den blumenvernarrten Holländern standen die Rosen, wie wir gesehen haben, nie nur für sich selbst, sondern etwa als Bild für den menschlichen Lebensweg, für die Passion Christi oder als Anspielung auf die antike Mythologie.

Doch noch ein weiterer Grund mag dazu beigetragen haben, dass die Vielfalt der Rosen im Verlauf des 19. Jahrhunderts in der nicht botanisch motivierten Malerei immer seltener dargestellt wurde. Denn im 19. Jahrhundert begannen Maler, ihre bisherigen Darstellungsprinzipien in Frage zu stellen. Sie lösten sich von traditionellen Maltechniken, wie sie etwa Ingres auf seinem Porträt der Comtesse d'Haussonville vertrat. Das Porträt ist ein Meisterwerk naturalistisch wirkender Malerei, kein Pinselstrich ist zu erkennen, alle Oberflächen bis hin zu den Rosenblüten erscheinen makellos. Auch John Ruskin bevorzugte noch in der zweiten Hälfte des 19. Jahrhunderts eine Malerei, die das Gesehene möglichst realistisch wiedergab. Der Kritiker förderte die leuchtend farbige Kunst der Präraffaeliten, die sich um die Mitte des 19. Jahrhunderts in England einer naturgetreuen Darstellung der Welt und des modernen Lebens verschrieben hatten und häufig sozialkritische Themen aufgriffen. Ein Bild im Birmingham Museum and Art Gallery, gemalt von Arthur Hughes zwischen 1854 und 1858, erzählt etwa von einem verlobten Paar, das auf bessere Zeiten wartet, um endlich heiraten zu können. Während die junge Frau

Weiße Rosen zeigen in der Blüte manchmal überraschende Färbungen.

FOLGENDE DOPPELSEITE
Stark gefüllte Blüten wirken sehr nostalgisch.

Rosa centifolia linn. «Communis», Die Rose, Komlosy Ferenztöl *(1872), Stuttgart, Württembergische Landesbibliothek*

Die kranke Rose
O Rose, du krankst!
Der tückische Wurm,
der fliegt in der Nacht,
im heulenden Sturm,

fand aus dein Bett
voll rosiger Lust
seine düstere Liebe
zernagt dir die Brust.

William Blake
(1754–1827)

Auch im Bauerngarten haben
Rosen schon immer ihren
festen Platz.

sich in Geduld übt und ihrem Geliebten die Hand hält, schaut der Mann verzweifelt in den Himmel, als suche er dort nach Hilfe. Das Paar wird von einem wilden Rosenstrauch gerahmt, der seine blassrosa-goldenen Blüten hinter dem blonden Haar der Verlobten aufleuchten lässt. Es heißt, dass Hughes einige Mühe mit der Wiedergabe der Wildrosen hatte. Er malte sie getreu den Prinzipien der Präraffaeliten nach einem lebenden Modell. Weil der Strauch seine Blüten jedoch schloss, wenn die Sonne verschwand, musste der Maler immer wieder neu ansetzen und warten, bis die Sonne hervorkam und die Rose ihre Blüten erneut öffnete. Hughes malte die Rosen nicht nur nach der Natur, sondern er war sogar bereit, seine Kunst den besonderen Ansprüchen des Modells unterzuordnen, um seine Vorstellungen von einem exakten Abbild der Natur zu verwirklichen.

Während in England die Kunst der Präraffaeliten tonangebend war, entwickelte sich in Frankreich der Impressionismus, eine Kunstströmung, die eine ganz andere Darstellung der Wirklichkeit propagierte und heute zu den wichtigsten Wegbereitern der modernen Malerei des 20. Jahrhunderts zählt. Auch diese Künstler interessierten sich für das alltägliche Leben, malten das Zusammenleben der Menschen in den Städten oder auf dem Land, schufen Landschaften im strahlenden Licht und inszenierten sorglose Vergnügungen im Freien. Doch interessierten sie sich weniger für akribisch gemalte Details oder gar Trompe l'œil-Effekte, mit denen Maler wie Ingres oder van Spaendonck ihre Bilder bereicherten. Sie trugen die Farbe stattdessen in breiten Pinselstrichen auf, fassten Oberflächen und Objekte in vermeintlich groben Formen zusammen. Sie wollten auf diese Weise einen Eindruck von der Flüchtigkeit der Welt, von Farben, Licht und Formen schaffen. Mit ihrer Leidenschaft für Farbe und Licht füllten die Impressionisten viele Bilder mit Rosen. Rosen schmücken Bilder von sonnendurchfluteten Gärten oder waren das anspielungsreiche Beiwerk für die schönen Halbweltdamen auf den Bildern von Auguste Renoir, Edouard Manet oder Claude Monet. Besonders auf Renoirs Werken verbinden sich Rosen- und Frauenschönheit miteinander. So betont Renoir die sinnlichen Qualitäten seiner Modelle mit tiefroten Rosenbouquets am Ausschnitt und im Haar seiner Schönen. Seine pastose, lockere Malweise hebt die augenblickliche Erschei-

nung von Farbe und Licht hervor. Farben und Pinselschrift vereinheitlichen Blüten und Haut der Dargestellten und lassen sie wie aus einem Stoff erscheinen. Bouchers Aktporträt der Louise O'Murphy gar nicht so unähnlich, erscheinen Frauenkörper und Rosen auch bei Renoir als ein und dieselbe Sache. Die Identifizierung der dargestellten Rosen auf Renoirs Bildern ist hingegen nicht leicht und war vom Künstler wohl auch nicht beabsichtigt. Dennoch hat er sie mit Leidenschaft und Feingefühl gemalt und die Essenz der Rose, ihre Farbe, Frische, Schönheit und vielleicht sogar ihren unwiderstehlichen Duft in seinen Bildern eingefangen.

Über Rosen schreiben Rosen waren im ausgehenden 19. Jahrhundert auch weiterhin Gegenstand wunderschöner Stillleben, etwa in den Werken von Vincent van Gogh, Odilion Redon oder Henri de Fantin-Latour. Dennoch: Mit den botanisch korrekten Darstellungen eines Redoutés oder van Spaendoncks haben auch diese Rosenbilder der Zeit nicht mehr viel zu tun, so beispielsweise eine kleine Studie einer Rose in der Vase, die Odilion Redon (1840–1916) um 1870 gemalt hat: Deutlich hebt sich die hellfarbige Blume vom dunklen Hintergrund ab. Das auf die Rose treffende Licht bringt die rosa Blüte zum Leuchten. Hingebungsvoll hat Redon die Blüte gemalt, ihr Farbenspiel in einer Vielzahl von Rosatönen eingefangen, sie jedoch gleichzeitig auf ganz wenige Grundformen reduziert. Im Mittelpunkt seines Interesses steht nicht die botanisch wiedererkennbare Spezies. Ihn fasziniert das Verhältnis zwischen verschiedenfarbigen Oberflächen und dem auftreffenden Licht. Getreu den impressionistischen Prinzipien fängt er einen kurzen Augenblick im Leben der schönen Rose ein. Als einzige Blume in der Vase, isoliert im dunklen Raum, erhält sie zudem eine ganz besondere Bedeutung: Kürze des Lebens, die Liebe, Freude, Verlust und Tod, die gesamte Palette der Vanitasgedanken, die die holländischen Stillleben des 17. Jahrhunderts beherrschten, sind auch in Redons bezaubernder Rosenstudie wiederzufinden. Tatsächlich haben viele Rosenbilder im 19. Jahrhundert einen melancholischen Unterton.

In der Dichtung wurde die Rose bereits in der Antike, etwa in Anakreons Beschwörung der Jugend voller Rosen

―――――――――――――――

Gewellte Blütenblätter
haben einen ganz besonderen
Charme.

---

oder Homers Beschreibung der Persephone, die von einem finstern Gott in die Unterwelt verschleppt wird, als Bild für Vergänglichkeit und Tod aufgegriffen; ein Thema, das auch in der Literatur des 19. Jahrhunderts weiterhin gespiegelt wird, so etwa in «The Sick Rose» – «Die kranke Rose» –, dem düstersten aller Rosengedichte. Geschrieben hat es der romantische Maler, Kupferstecher und Dichter William Blake (1757–1827). 1794 veröffentlichte er es in dem von ihm selbst illustrierten Buch «Lieder der Unschuld und Erfahrung». Das kostbare Buch ist wunderschön von der Hand des Malers selbst gestaltet. Dafür übertrug Blake eigenhändig Gedicht und Zeichnung auf eine Kupferplatte. Jedes einzelne Blatt wurde farbig gedruckt und dann noch einmal von Hand nachbearbeitet. Die Themen von Blakes Rosengedicht sind Krankheit, Tod und Zerstörung. Die Rose hat in seinem Gedicht das Ende ihrer Lebensspanne erreicht und erwartet den nahenden Winter. In den zwei kurzen Strophen spielt Blake auf die dunklen Seiten der menschlichen Natur an, auf eine als gefährlich dargestellte Sexualität und den Tod, der daraus resultiert. Nicht ganz so dunkel, aber dennoch traurig ist das Lied von der letzten Rose, das der deutsche Opernkomponist Friedrich von Flotow 1847 gemeinsam mit dem Texter Friedrich Wilhelm Riese in seine romantische Oper «Martha oder der Markt zu Richmond» eingeflochten hat. Die Metaphern sind ähnlich wie bei Blake gewählt, doch überwiegt in dem Lied von der letzten Rose bei aller Trauer über Herbst und Verlust weiterhin ein Gefühl von sanfter Melancholie und Schönheit.
Als letztes Beispiel in unserer kurzen Reihe sei noch ein im englischen Sprachraum sehr bekanntes Gedicht des Engländers Ernest Dowson (1867–1900) genannt. In dem Gedicht «Vitae summa brevis» fasst Dowson all jene Eigenschaften zusammen, die Dichter und Maler seit jeher den Rosen zugewiesen hatten. Liebesgöttin Aphrodite und Weingott Dionysos sind in der Zeile «Tage des Weines und der Rosen» zusammengefasst, so wie es viele Jahrhunderte zuvor bereits Anakreon vorgegeben hatte. Ebenso stehen auch Dowsons Rosen für Kürze, Vergänglichkeit und Endlichkeit des menschlichen Lebens. Die Rose ist darüber hinaus jedoch auch ein Bild für die menschliche Fähigkeit, im Verlauf des kurzen Lebens Liebesglück und Leidenschaft zu fühlen. Die Rose steht in diesem Gedicht für die Fähigkeit zu empfinden und damit für all das, was die menschliche Natur letztlich ausmacht. So symbolisieren Dowsons Rosen das gesamte Reich der sinnlichen Wahrnehmung. Als Gegenbild dazu hat der Autor die Vorstellung vom Tod als einen empfindungslosen, traumartigen Zustand entworfen. Damit greift er auf die altehrwürdigen Gedanken zurück, die wir bereits in den Darstellungen holländischer Stillebenmaler kennengelernt haben, die das Flüchtige und Vergängliche von Liebeserlebnis und Sinneswahrnehmung hervorhoben. Doch lenkten die Maler des 17. Jahrhunderts den Betrachterblick vor allem auf die unvermeidlichen Konsequenzen irdischen Handelns in Hinblick auf das christliche Heilsversprechen, was für Dowson nur eine untergeordnete Rolle zu spielen scheint. Sein Schwerpunkt liegt auf der Fülle der Sinneseindrücke im Hier und Jetzt.

Rosen für alle

Trotz der morbiden Assoziationen, welche die Rose als Symbol und Metapher für Tod, Vergänglichkeit, Verfall oder Krankheit hatte, waren Rosen gerade in der zweiten Hälfte des 19. Jahrhunderts überaus beliebte Motive für die Dekoration von Alltagsgegenständen. Die Kleider der Damen, Tapeten, Kissen, Tischdecken, Briefpapier oder Vorhänge waren mit Rosen geschmückt. Es gab wohl kaum einen Gegenstand, den man nicht mit Rosenblüten verschönern konnte. Besonders die Kunst des Jugendstils brachte um 1900 wunderschöne Schmuckstücke in Rosenform hervor, wie etwa Charles Rennie Macintoshs Entwurf der «Glasgow Rose», in der die Rosenblüte auf ganz wenige Grundformen reduziert wurde, aber dennoch als Rose erkennbar geblieben ist. Die Begeisterung für die Farben und Formen der Rosen im Ornament des ausgehenden 19. Jahrhunderts spiegelt sich auf das Schönste in einem Bild des englischen Malers Albert Joseph Moore von 1884. Eine lesende junge Frau streckt sich auf einem Sofa aus, eingehüllt in eine dünne Decke, die mit einem Rosenmuster verziert ist. Das üppig weiche Kissen und der Vorhang auf der rechten Seite nehmen das Muster auf. Im Vordergrund ziehen zwei mit Blumen gefüllte Vasen die Blicke auf sich. Weiße Chrysanthemen und leuchtend rote Hagebutten teilen sich die Gefäße. Hagebutten sind es auch, die dem ganzen Bild seinen Namen gegeben haben. Der Titel unterstreicht, dass in dem Bild keine Geschichte erzählt wird. Es geht ganz um die besondere Stimmung der Szene, um Farbe, die meisterhafte Pinselarbeit, Ornament und Rhythmus, Dekor, vielleicht auch um nicht Malbares wie Stille oder Duft.

Moores Bild von den «Hagebutten» steht stellvertretend für die vielfältigen dekorativen Qualitäten der Rosen, deren Reize bis heute ungebrochen sind. So stellen wagemutige Inneneinrichter immer einmal wieder Zimmer oder Wohnungen vor, die ganz und gar mit Rosenmotiven etwa im Stil von Laura Ashley dekoriert sind. Frauenzeitschriften informieren regelmäßig über neueste Trends, in denen Rosen eine wichtige Rolle spielen. In Blumenläden, in beliebigen Supermärkten oder bei Straßenhändlern kann man täglich frische Rosen in allen Farben kaufen. Die meisten Schnittrosen kommen aus Übersee, wo sie in mildem Klima kostengünstig angebaut werden können. Aufgrund der meist problematischen Anbaubedingungen haben die Rosenplantagen zu Recht die Kritik von Umweltschützern und Menschenrechtsaktivisten auf sich gezogen. Wie schon vor 2000 Jahren bei Horaz wird auch heute wieder beklagt, dass zugunsten der lukrativen Rosenplantagen auf Anbauflächen für Getreide verzichtet wird. Vor allem die ständige Verfügbarkeit frischer Rosen dürfte dazu geführt haben, dass die im 19. Jahrhundert noch deutliche Verknüpfung mit Vanitas-Gedanken und Tod in unserem alltäglichen Umgang mit den Rosen in den Hintergrund gedrängt wurde.

Die erotischen Assoziationen zwischen Frauenkörper und Rosenblüte, die Maler wie Boucher oder Renoir so faszinierten, wurden im ausgehenden 19. Jahrhundert hingegen von den exotischen, aus geheimnisvollen Dschungeln importierten Orchideen überlagert, deren faszinierend geformte Blüten auf die weibliche Sexualität bezogen wurden. Obwohl sie inzwischen viel von ihrer Exklusivität verloren haben und sogar im Supermarkt erhältlich sind, umgibt Orchideen immer noch ein Hauch von Dschungel und Geheimnis.

Rosen hingegen sind in unserer Welt beinahe allgegenwärtig. In unseren Gärten blühen sie je nach Witterung bis in den Dezember hinein. In den wenigen wirklich kalten Monaten ohne Gartenrosen kann man sich trotzdem täglich neu mit frischen Rosen versorgen. Und spätestens im Mai treiben die unermüdlichen Königinnen der Blumen wieder neue Blüten. Echte Trauer um die letzte Rose, die im Herbststurm in Schönheit stirbt, mag da gar nicht mehr aufkommen. Dennoch wird der Aspekt des Vergänglichen zumindest in der Literatur gelegentlich aufgegriffen. In Umberto Ecos Klassiker «Der Name der Rose» verarbeitet der Text unzählige Anspielungen auf die verschiedenen symbolischen Bedeutungen der Rose. Die Rose als Symbol für Vergänglichkeit und Tod wird ebenso zitiert wie die Verbindung zwischen Rose und Liebesthematik und nicht zuletzt auch zahllose literarische Referenzen vom Hohelied der Bibel, Marienfrömmigkeit, Heiligenlegenden, dem «Roman de la Rose» bis hin zu Jorge Luis Borges Erzählung «Die Rose des Paracelsus». Hingegen erscheint die titelgebende Rose im ganzen Text nicht ein einziges Mal als Sache selbst. Sie steht als Platzhalter für die vielen verschiedenen Deutungsmöglichkeiten, die sich im Verlauf der Kunst- und Literaturgeschichte um den Begriff Rose angehäuft haben. Ecos Meisterwerk ist in dieser Hinsicht auch ein gelehrtes Kompendium der Rosenmetaphern und ihres Gebrauchs in der Geschichte der Literatur. In der jüngeren Vergangenheit hat Dan Brown mit seinem sensationellen Bestseller «The Da Vinci Code» eine originelle Neuinterpretation des Rosenmotivs als Attribut weiblicher Heiliger vorgelegt. Traditionell wird ja, wie wir gesehen haben, neben Heiligen wie Dorothea oder Elisabeth von Thüringen vor allem die Gottesmutter mit Rosen gleichgesetzt. In Dan Browns Roman hingegen wird nun die ehemalige Sünderin Maria Magdalena gleichfalls zu Trägerin des Rosensymbols erklärt.

Auch im Fernsehen und Film sind Rosen unübersehbar. Es gibt wohl keine Seifenoper, die ohne Rosenstrauß auskommt, wenn es darum geht, dem Betrachter die innige Liebe zwischen Held und Heldin näher zu bringen. Als Metapher ewig währender romantischer Liebe werden Rosen geradezu inflationär gebraucht.

Sind Rosen deshalb so selten in der neueren Kunst zu finden? Hatte Gertrude Stein am Ende doch recht und die Rosenmetapher ist tatsächlich so abgedroschen, dass sie für die ganz große Kunst heute nicht mehr taugt? Tatsächlich scheint die Rose, von der botanischen Illustration oder der Porzellanmalerei einmal abgesehen, mit dem Fortschreiten des 20. Jahrhunderts aus der Malerei so gut wie verschwunden zu sein. René Magrittes riesengroße Rose in einem Raum mit Meerblick wirkt in diesem Zusammenhang beinahe wie eine wehmütige Rückschau und eine künstlerische Zusammenfassung aller Rosenbilder und Symbole, die sich im Verlauf der Zeit auf unserer Vorstellung von Rosen abgelagert haben. Ist Magrittes kunstvolles Rätselbild am Ende gar ein Vermächtnis und Abgesang auf die lange Tradition der Rosenbilder?

In Gartenfachmärkten und bei Spezialisten sind hingegen alle erdenklichen Rosen aus der langen Geschichte der Königin der Blumen erhältlich. Jedes Jahr kommen neue Sorten hinzu, die sich durch besonderen Duft, Resistenz gegen Krankheiten oder eine besonders schöne Färbung auszeichnen. Wundervolle gelbe Rosen, üppig wuchernde Kletterrosen, Bodendecker, Miniaturrosen oder Rosen, die mit besonders warmem oder mit besonders feuchtem Wetter zurechtkommen, sind im Verlauf des ausgehenden 19. und des 20. Jahrhunderts herausgezüchtet worden. Immer noch besonders begehrt sind die sogenannten «Englischen Rosen». Interessanterweise handelt es sich bei diesen Gewächsen nicht um alte Rosensorten aus englischen Gärten. Entwickelt wurden sie vielmehr in jüngerer Zeit von dem englischen Züchter David Austin. Er bewunderte bereits in den 1950er Jahren die alten Alba-, Gallica- und Damaszenerrosen und die vielen wundervollen französischen Züchtungen des 19. Jahrhunderts. In seinen Kreuzungsexperimenten gelang es dem Landwirt nach und nach, die Ausstrahlung und den Duft längst

Rosa centifolia «Isoline», Die Rose, Komlosy Ferenztöl (1872), Stuttgart, Württembergische Landesbibliothek

Druck a. d. k. k. Hof- u. Staatsdruckerei

vergangener Rosenromantik mit den Errungenschaften der modernen Rosenzucht zu vereinbaren. Seine inzwischen zahllosen Kreationen blühen üppig, duften berauschend und machen den ganzen Sommer über Freude. Sie sind relativ krankheitsresistent und weisen eine größere Farbpalette auf als die wirklich alten Rosen. Manche Kritiker meinen jedoch, Austins Schöpfungen wären bloße Reproduktionen der alten Rosen, sie würden sich zu jenen verhalten wie ein echtes Bild zu einer Kopie und wären somit gärtnerisch gesehen wertlos. David Austin war sich dessen jedoch immer bewusst. Seine Absicht war es niemals, neue «alte» Gallicas, Albas oder Centifolien herauszuzüchten, obwohl das vermutlich möglich wäre.

Sein Ziel ist vor allem die Kreation neuer schöner Sorten. Austins «English Roses» gefallen daher all jenen Rosenfreunden, denen ein den ganzen Sommer über mit nostalgisch anmutenden Rosenblüten gefüllter Garten wichtiger ist als eine Sammlung echter alter Rosen mit großer Vergangenheit, die aber nur für kurze Zeit ihre Blüten öffnen.

Über Geschmack lässt sich trefflich streiten, das wusste schon Oscar Wilde. Vor allem wusste er aber, dass es besser ist, sich über eine Rose zu freuen, als ihre Wurzel unter das Mikroskop zu legen. Und das gilt nicht zuletzt auch für die Rosen von David Austin.

Bei der Rosensorte «Nostalgie»
ist der Name Programm.

Rose, Philipp Fr. von Siebold,
Joseph G. Zuccarini und
Friedrich A. W. Miquel, Flora
Japonica *(1835–70), Stuttgart,
Württembergische Landesbibliothek*

LITERATUR

Alföldi-Rosenbaum, Elisabeth: Das Kochbuch der Römer. Rezepte aus der «Kochkunst des Apicius», Zürich 1970

Anakreon: Fragmente. Elegien. Epigramme, übertragen von Eduard Mörike, Leipzig o. J.

André, Jaques: Essen und Trinken im alten Rom, Stuttgart 1998

Barringer, Timothy: Die Präraffaeliten. Wie sie malten, wie sie dachten, wie sie lebten, Köln 1998

Bauer, Ute: Alte Rosen. Die schönsten Sorten. Gestalten und Pflegen, München 2002

Black, Maggie: The Medieval Cookbook, London 1992

(Blake, William) William Blake. Lieder der Unschuld und Erfahrung. Nach einem handkolorierten Exemplar des British Museums, hg. v. Werner Hofmann, Frankfurt a.M. 1975

Carroll-Spillecke, Maureen: Der antike griechische Garten, München 1989

Cheers, Gordon (Hg.): Botanica. Das Abc der Pflanzen. 10000 Arten in Wort und Bild, München 2003

Collins, Minta: Medieval Herbals. The Illustrative Traditions, London 2000

(Dioskurides) Der Wiener Dioskurides. Codex medicus graecus 1 der Österreichischen Nationalbibliothek, Kommentar von Otto Mazal, Graz 1999

Elliott, Brent: Flora. Der Duft der Ferne, München 2004

Grèce, Michel de: Portrait et Seduction, Paris 1992

Harkness, Peter: Rosen. Die schönsten Illustrationen der Royal Horticultural Society, London, München 2005

Hauschild, Stephanie: Mönche, Maler, Miniaturen. Die Welt der mittelalterlichen Bücher, Ostfildern 2005

Hauschild, Stephanie: Die sinnlichen Gärten des Albertus Magnus, Ostfildern 2005

Hauschild, Stephanie: Das Paradies auf Erden. Die Gärten der Zisterzienser, Ostfildern 2007

Hobhouse, Penelope: Illustrierte Geschichte der Gartenpflanzen vom alten Ägypten bis heute, Bern 1999

Homer: Ilias, Übertragung von Wolfgang Schadewaldt, Frankfurt a.M. 1975

(Hortus Eystettensis) Der Garten von Eichstätt. Das Pflanzenbuch von Basilius Besler, mit einer Einführung von Klaus Walter Littger, Köln 1999

Jennings, Anne: Medieval Gardens, London 2004

(Katalog) Ancient Faces. Mummy Portraits from Roman Egypt, Katalog zur Ausstellung im British Museum, London 1997, London 1997

(Katalog) Faszination Venus. Bilder einer Göttin von Cranach bis Cabanel, Katalog zur Ausstellung in Köln, München und Antwerpen 2000-2001, Köln 2000

(Katalog) Die unaufhörliche Gartenlust. Hamburgs Gartenkultur vom Barock bis ins 20. Jahrhundert. Katalog zur Ausstellung im Museum für Hamburgische Geschichte, Hamburg 2006, hg. von Claudia Horbas, Hamburg 2006

Krausch, Heinz-Dieter: ‚Kaiserkron und Päonien rot …‘. Entdeckung und Einführung unserer Gartenblumen, Hamburg 2003

Krüssmann, Gerd: Rosen Rosen Rosen. Unser Wissen über die Rose, Berlin 1986

Landsberg, Sylvia: The Medieval Garden, London 2002

Larkin, Deirdre: The Medieval Rose. A Gallery Looking Guide. The Cloisters, New York 2006

Markley, Robert: Rosen. Der Praxis-Ratgeber. Arten und Sorten, Verwendung, Gestaltung, Pflege, München 1999

Martialis, M. Valerius: Epigramme. Lateinisch-deutsch, hg. und übersetzt von Paul Barie und Winfried Schindler, Darmstadt 1999

(Moller-Florilegium) Das Moller-Florilegium des Hans Simon Holtzbecker (2), hg. von der Kulturstiftung der Länder in Verbindung mit der Staats- und Universitätsbibliothek Hamburg Carl von Ossietzky, Berlin 2001

Ovid: Metamorphosen. Epos in 15 Büchern, hg. und übersetzt von Hermann Breitenbach, Stuttgart 1988

Phillips, Roger; Rix, Marty: The Quest for the Rose. The most highly illustrated historical Guide to Roses, London 1992

Plinius, C. Secundus d. Ä.: Naturkunde. Buch XIV Botanik: Gartenpflanzen. Lateinisch-deutsch, hg. und übersetzt von Roderich König, Karl Bayer, Wolfgang Glöckner, Darmstadt 1996

Plinius, C. Secundus d. Ä.: Naturkunde. Bücher XXI/XXII Medizin und Pharmakologie: Heilmittel aus dem Pflanzenreich. Lateinisch-deutsch, hg. und übersetzt von Roderich König und Gerhard Winkler, Darmstadt 1985

(Redouté) Die Rosen. Die vollständigen Tafeln. Pierre-Joseph Redouté (1759–1840), Köln 2007

Ribeiro, Aileen: The Art of Dress. Fashion in England and France 1750–1820, London 1995

Rose, Graham: Gärten im englischen Stil. Techniken und Gestaltungsvorschläge aus verschiedenen Epochen, München 1990

Rose, Graham; King, Peter: The Love of Roses. From Myth to Modern Culture, London 1990

Roth, Dietrich (Hg.): Die Blumenbücher des Hans Simon Holtzbecker und Hamburgs Lustgärten, Keltern-Weiler 2003

Scarman, John: Gärtnern mit alten Rosen, München 2007

Scherf, Gertrud: Pflanzengeheimnisse aus alter Zeit. Überliefertes Wissen aus Kloster-, Burg- und Bauerngärten, München 2004

Schneider, Norbert: Stillleben. Realität und Symbolik der Dinge. Die Stilllebenmalerei der frühen Neuzeit, Köln 1989

Segal, Sam: Flowers and Nature. Netherlandish Flower Painting of Four Centuries, Katalog zur Ausstellung in Osaka, Tokyo und Sydney 1990, Amstelveen 1990

Segal, Sam: The Temptations of Flora. Jan van Huysum 1682–1749, Zwolle 2007

Steinhauer, Helmut: Vom betörenden Zauber der Rosen, Niedernhausen i. Taunus 1984

Süskind, Patrick: Das Parfum. Die Geschichte eines Mörders, Zürich 1985

Telesko, Werner: The Wisdom of Nature. The Healing Powers and Symbolism of Plants and Animals in the Middle Ages, München 2001

BILDNACHWEIS

akg images: 31, 36; Amsterdams Historisch Museum: 72; Bildarchiv Preußischer Kulturbesitz: 16, 79, 90; Bridgeman Art Library: 6, 63, 75, 85; Daniela Naumann: 13, 19, 46, 49, 59, 102, 104, 108; Fine Arts Museums of San Francisco: 68 (Leihgabe des Ehepaares Dr. Hermann Schuelein, Inv.nr. 51.21); Kunstmuseum Solothurn: 45; Kriemhild Finken: 9, 14, 20, 24, 25, 27, 29, 32, 33, 39, 40, 42, 50, 51, 53, 64, 65, 71, 76, 77, 80, 82, 88, 92, 94, 96, 98, 100; Österreichische Nationalbibliothek: 23; Staats- und Universitätsbibliothek Hamburg Carl von Ossietzky: 66 (Cod. in scrin. 297, Blatt 18); Württembergische Landesbibliothek: 10, 41, 54, 55, 56, 60, 86, 95, 99, 107, 110

Wir danken allen Rechteinhabern für die freundliche Genehmigung zum Nachdruck. Trotz nachdrücklicher Bemühungen ist es uns nicht gelungen, alle Rechteinhaber zu ermitteln. Wie bitten diese daher um Verständnis, wenn wir gegebenenfalls erst nachträglich eine Abdruckhonorierung vornehmen können.

Verlag und Autorin danken besonders Herrn Dr. Eberhard Zwink, dem Leiter der Abteilung Alte und Wertvolle Drucke der Württembergischen Landesbibliothek Stuttgart, für seine fachkundige Unterstützung. Ebenfalls bedanken möchten wir uns bei Frau Rosemarie Neef und Frau Magda Drostel, die uns Fotoaufnahmen in ihren Gärten gestattet haben.

STEPHANIE HAUSCHILD
Oasen für die Sinne
Wie der Garten ins Wohnzimmer kam

Zimmerpflanzen sind wie grüne Oasen für die Sinne. Sie holen uns den Garten ins Wohnzimmer und erfreuen uns mit ihrem satten Grün und ihrer Blütenpracht selbst dann, wenn im Winter draußen alles trostlos und braun erscheint. Zimmerpflanzen können aus einem kahlen Zimmer ein wahres Paradies oder aus einem leeren Fenstersims ein dekoratives Schmuckelement machen.

Doch wie kamen die Pflanzen eigentlich ins Wohnzimmer? Die Kunsthistorikerin und Hobbygärtnerin Stephanie Hauschild wirft einen höchst unterhaltsamen Blick in die Geschichte der Zimmer- und Topfpflanzen, erzählt Wissenswertes und Botanisches rund um die Pflanzen und gibt Tipps zur richtigen Pflege.

Mit herrlichen Fotos und prachtvollen historischen Abbildungen!

112 Seiten
24 x 24 cm
gebunden
mit zahlreichen farbigen Abbildungen
ISBN 978-3-7995-3535-9

STEPHANIE HAUSCHILD
Das Paradies auf Erden
Die Gärten der Zisterzienser

Auf der Suche nach dem verlorenen Paradies interessieren sich immer mehr Menschen für die Geschichte der Gärten und des Gartenbaus. Sie besuchen Klostergärten, denn mit den Mönchen begann im Mittelalter der Gartenbau in unseren Breiten. Eine besondere Rolle spielen dabei die Zisterzienser, die es sich zur Aufgabe gemacht hatten, wilde, unbewohnte Gegenden in fruchtbares Land zu verwandeln. Von den Klöstern als Vorbildern strahlten neue Gartenbautechniken in das Umland aus.

Anhand zahlreicher Fotos und historischer Abbildungen spürt die Autorin dem Lebensstil der Zisterzienser, ihrem Umgang mit der Natur und ihrer Einstellung zur Landarbeit nach. Dabei schlägt sie einen Bogen von der schlichten Stille der Kreuzgänge bis zum geschäftigen Leben auf den großen Klostergütern.

Eine Reise ins Paradies auf Erden!

112 Seiten
24 x 24 cm
gebunden mit Schutzumschlag
mit zahlreichen farbigen Abbildungen
ISBN 978-3-7995-3530-4